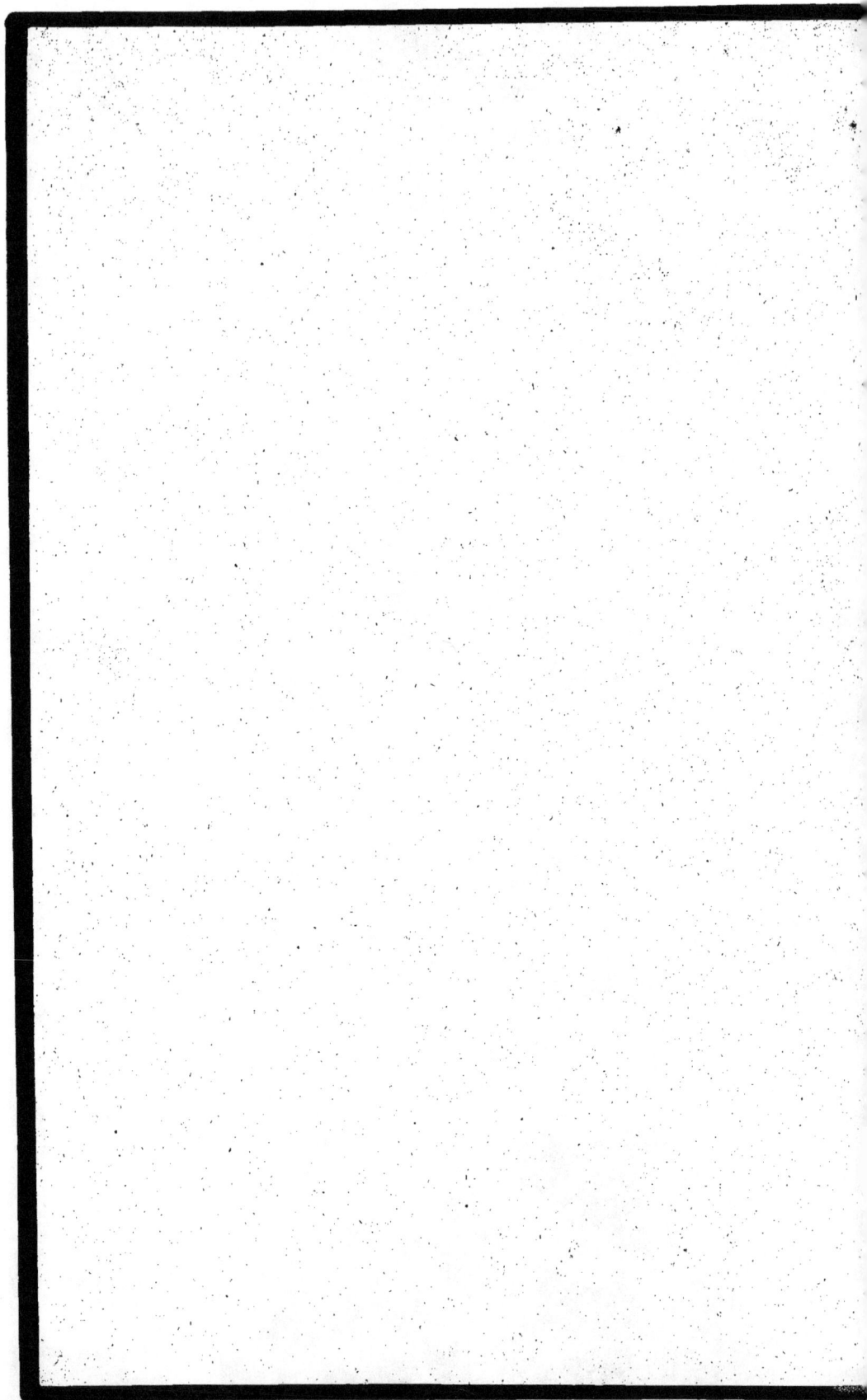

Lk 14 12ʃ

RECUEIL

DES

PIECES RELATIVES

A LA DÉLIBÉRATION

DES ETATS DE LANGUEDOC

Du 21 Decembre 1767,

Concernant la Jonction de la Robine de Narbonne au Canal
de communication des Mers.

A PARIS,

De l'Imprimerie de Vincent, Imprimeur-Libraire des États Généraux
de la Province de Languedoc.

M DCC LXVIII.

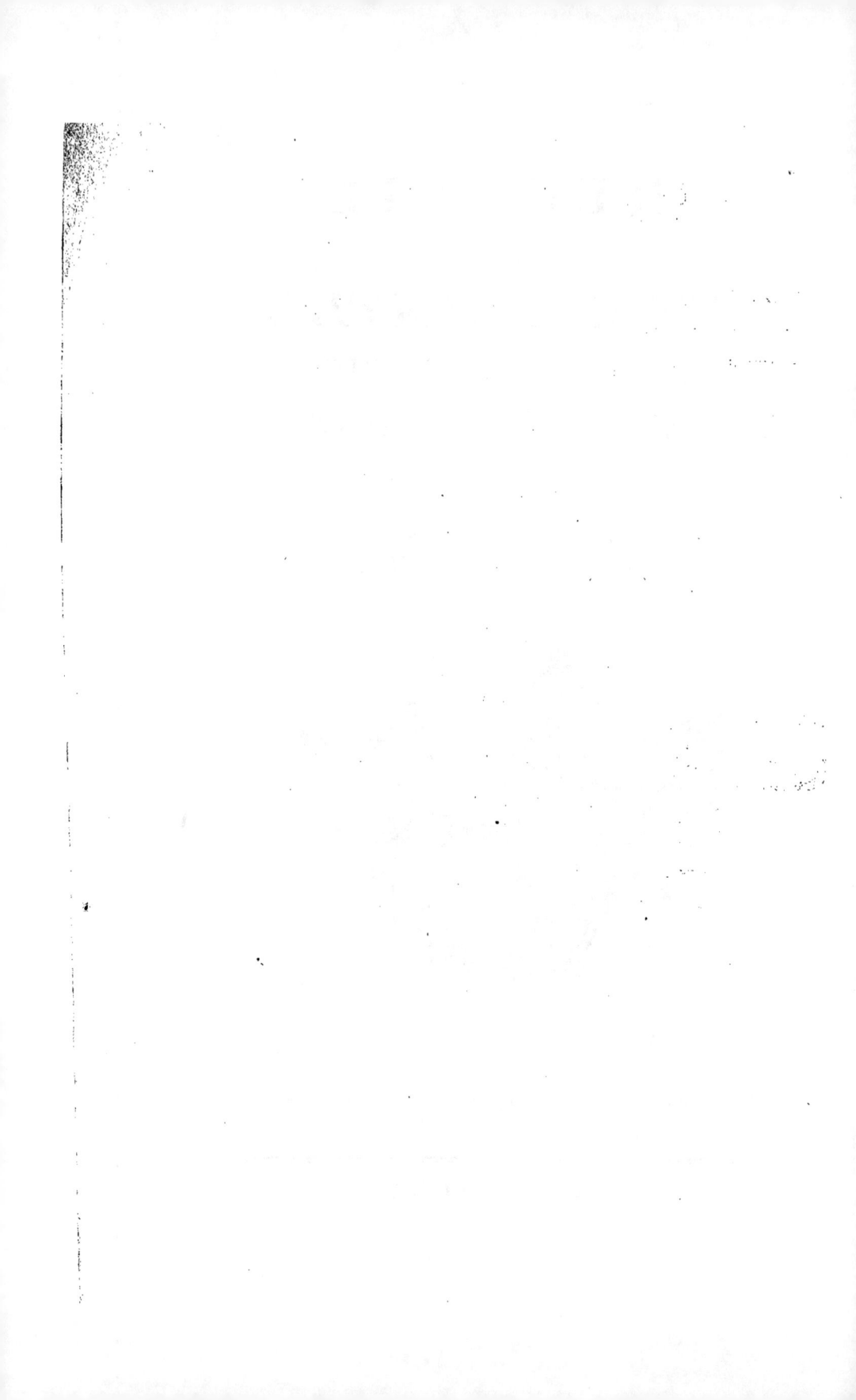

AVERTISSEMENT.

LEs entreprises de la plus grande importance, éprouvent souvent les plus grandes difficultés dans leur exécution, lorsque des intérêts particuliers trop puissans s'y trouvent compromis avec le bien public. Le projet de joindre au Canal de communication des mers en Languedoc, un Canal particulier appellé *la Robine de Narbonne*, fournit l'exemple le plus frappant de cette vérité, puisque cet ouvrage, aussi ancien que celui de la construction du grand Canal, approuvé & entrepris presque en même tems, n'a pu jusqu'à présent être conduit à sa perfection, par des obstacles qui font encore l'objet du procès entre la ville de Narbonne & MM. les Propriétaires du grand Canal, sur lequel le Conseil doit prononcer définitivement.

Une contestation aussi intéressante, soit par la qualité des Parties, soit par l'importance des moyens employés au soutien de leurs prétentions, méritoit sans doute toute l'attention des États qui n'auroient pu en voir avec indifférence l'événement : aussi a-t-elle été à différentes reprises la matiere de l'examen le plus sérieux de leur part, & d'une foule d'opérations qui ont enfin donné lieu à une délibération prise le 21 Décembre 1767, portant que la vérification ordonnée par l'Arrêt du Conseil du 19 Juillet 1757, levant tous les doutes qui avoient déterminé en 1754, l'opposition de cette assemblée, elle ne devoit plus subsister ; & qu'au contraire Sa Majesté devoit être très-humblement suppliée de faire jouir la Ville de Narbonne du bienfait qui lui avoit été accordé en 1686, & dans lequel elle a été maintenue par l'Arrêt de 1757.

C'est une résolution aussi sage que MM. les Propriétaires du Canal Royal voudroient faire regarder comme l'ouvrage de la surprise ou de la partialité qui ne présente qu'un tissu d'erreurs & de contradictions ; & ce système est étayé par une foule d'allégations sans preuve, de déclamations exagerées & de fausses spéculations répandues & répétées, soit dans la Requête sur laquelle a été rendu par le Conseil l'Arrêt du 27 Février 1768, qui a été signifié au Syndic-Général de Languedoc le 16 Mars suivant, dans le moment où il se disposoit à porter aux pieds du Thrône les vœux des États en faveur de la cause du bien public liée avec celle de la Ville de Narbonne ; soit dans les Mémoires distribués depuis par MM. les Propriétaires, pour tâcher de faire remettre en question tout ce qui a été contradictoirement & définitivement jugé en 1757 ; & d'éterniser par de nouvelles procédures, l'instruction du seul point interloqué par l'Arrêt du 19 Juillet de ladite année.

Telle est la ressource ordinaire dans des mauvaises causes, de chercher à éloigner, sous des prétextes plus spécieux que solides, par des délais multipliés, une conclusion dont on a lieu de craindre l'événement; & cette voye a si bien réussi dans l'affaire dont il s'agit, qu'il ne faut pas être surpris qu'on veuille encore en faire usage; mais le Conseil ne se méprendra pas sur la juste valeur des mêmes moyens répétés pour accréditer ce parti.

La réfutation victorieuse qu'en a fait la Ville de Narbonne dans la réponse qu'elle vient de produire, à laquelle le Syndic-général ne peut que se référer, le dispense d'entrer à ce sujet dans une répétition superflue des faits & des raisons qu'on y a si bien développés.

Il se contentera donc de mettre ici sous les yeux des Juges & du public, ces avis pleins de lumiere, des Sçavans du premier ordre, qui, consultés par le Conseil avant l'Arrêt de 1757, lui ayant démontré l'utilité & la possibilité de l'exécution de la jonction projettée, sans nuire à la navigation du grand Canal, ne pouvoient que faire le même effet aux États, dès qu'ils en ont eu connoissance; sur-tout lorsqu'ils ont reconnu la confirmation de cette certitude dans la derniere vérification que le Conseil semble n'avoir ordonnée que dans la vue de fournir à cette assemblée une surabondance de preuves qui, ne lui laissant plus le moindre doute sur cette vérité qu'elle avoit méconnue en 1754, la mit à même de revenir à l'aveu qu'elle avoit fait alors : « Que si le Canal projetté ne » pouvoit influer en rien sur ce qui devoit soutenir ou déranger » le Canal Royal, les États n'auroient qu'à laisser à M. le Marquis » de Crillon [auquel la Ville de Narbonne avoit alors cédé ses droits] » la liberté de suivre jusqu'à sa perfection le projet dont » il est question. »

Le Conseil ayant jugé plus à propos de charger de son exécution la Ville, en la confirmant dans ce qui lui avoit été accordé en 1686, cette circonstance ne devoit-elle pas faire ajoûter à cet aveu des États, sans tomber en contradiction avec eux-mêmes, le desir qu'ils ont témoigné de voir jouir cette communauté d'un bien qui lui appartient si légitimement, & pour lequel elle a dépensé de très-grandes sommes ?

Il n'en faudroit pas davantage pour faire l'apologie, si elle en avoit besoin, de la conduite des États dans cette affaire ; on y ajoûtera cependant quelques observations qui, rapprochées des réflexions de MM. les Propriétaires du Canal sur les opérations de M. Gendrier, & la délibération qui a adopté ces principes, acheveront de faire sentir la régularité & la justice de cette détermination, & conséquemment le peu d'attention que méritent les vains prétextes qu'on lui oppose.

AVIS

AVIS

DE M. LE CAMUS

DE

L'ACADÉMIE DES SCIENCES DE PARIS;

Sur le Projet de Jonction de la Robine de Narbonne au Canal Royal des deux Mers.

A Ville de Narbonne possede une Robine, qui tire ses eaux de la Riviere d'Aude, à un endroit appellé Le Gailloufti à deux lieues au-deffus de Narbonne, & à deux mille cent foixante toises du Sommail fitué fur le Canal Royal,

Cette Robine a été rendue navigable par les Romains, depuis Narbonne jufqu'à la Mer, où elle a un debouché par le Grau de la Nouvelle qui, avant la conftruction du Canal Royal, étoit, à ce qu'on dit, le feul Port frequenté que la Province eût fur les Côtes de la Méditerranée.

Ce debouché & l'heureufe fituation de la Ville de Narbonne, l'avoient rendue le centre du Commerce du Languedoc & des Provinces voifines. Mais l'achevement du Canal Royal au commencement de 1681, pour lequel la Ville de Narbonne avoit contribué près de quatre cens mille livres, fit tomber fon Commerce en le tranfportant ailleurs, principalement aux Villes de Béziers, Agde & Cette.

On prétend que MM. de Seignelay & de Vauban defirant faciliter à cette Ville les moyens de conferver une partie de fon commerce, & jugeant que ce feroit donner un point de perfection au Canal Royal que de le joindre à la Robine de Narbonne, conçurent en 1684 le Projet de cette Jonction. C'eft vraifemblablement fur leur rapport que le Roi, par Arrêt de fon Confeil du 19 Février 1686, ordonna *que par M. Daguesseau, Conseiller d'Etat & In-*

b

tendant de la Province de Languedoc, il seroit dressé Procès verbal de l'utilité & avantage du Canal proposé à Sa Majesté à faire depuis le grand
Canal de la Jonction des Mers jusqu'à la Robine de Narbonne, & de
ce à quoi en reviendroit la dépense suivant la visite & estimation qui
en seroit faite par experts & gens à ce connoissans. En exécution de
cet Arrêt M. Daguesseau commença le 14 Mars de la même année
& continua les jours suivants son Procès-verbal, contenant les Enquêtes qu'il avoit faites, tant dans la Ville de Toulouse qu'en celles
de Castelnaudary & de Carcassonne, de l'utilité & avantages qu'il y
avoit pour Sa Majesté & le Public, dudit nouveau Canal; les dires des
Consuls de la Ville de Narbonne, sur l'utilité & avantage que Sa Majesté, le Public, & ladite Ville en particulier peuvent recevoir dudit nouveau Canal; les offres faites par eux au nom de la Communauté d'y
contribuer de tous les fonds dont la Ville pourroit disposer, &c.

C'est sur le vû de cet Arrêt & sur celui des Enquêtes faites les 20,
21, 27 & 28 Mars à Toulouse, Castelnaudary, & Carcassonne, énon-
cées dans le Procès-verbal de M. Daguesseau, & sur l'Avis de cet Intendant, que le Roi par Arrêt de son Conseil du deux Juillet 1686,
a ordonné qu'il seroit construit un Canal, pour joindre le grand Canal
de communication des Mers à la Robine de Narbonne avec les Ecluses
& autres Ouvrages necessaires, suivant & conformément au Devis, qui
est & seroit fait par le sieur Niquet, Ingénieur de Sa Majesté, sur lequel il seroit procédé au bail à rabais desdits Ouvrages, à la charge par
l'Entrepreneur de payer le prix des terres qui seront prises pour ladite
Jonction, & d'en indemniser les Propriétaires suivant la liquidation qui
en sera faite par le sieur de Baville, Intendant de Justice, Police & Finances en la Province de Languedoc, en la maniere accoutumée, pour
en être le prix payé, en tel nombre d'années, qu'il sera par lui réglé sur
le fonds qui sera fourni à cet effet par la Ville de Narbonne, à laquelle
Sa Majesté permet d'employer au payement desdits Ouvrages les deniers
provenans de la subvention accordée par Sa Majesté à ladite Ville, sur
la viande de boucherie & de pourceaux pour le payement de ses dettes,
ceux provenans du droit d'équivalent appartenant à ladite Ville, & ceux
du droit de Robinage, deduction faite de l'entretien de ladite Robine, ensemble ce qui reviendra de bon de la somme de 10000 livres employées
dans les Etats des Finances de Sa Majesté pour l'entretien des trois Compagnies restantes suivant la déduction qui en sera faite, & à la charge
qu'à mesure que lesdites Compagnies viendront à vaquer par mort elles seront
supprimées, & le fonds en sera employé au payement desdits travaux, le
tout pendant tel nombre d'années qu'il conviendra pour l'acquittement entier du prix desdits Ouvrages, tant en principal qu'intérêts, pendant lesquelles il sera sursis au payement des capitaux des dettes dues par la
Ville de Narbonne, à la charge d'en payer annuellement les intérêts par impo-
sition qui sera faite sur les Habitans & Contribuables aux tailles de ladite
Ville; & pour faciliter le payement du prix desdits Ouvrages à l'Entrepreneur dudit Canal, Sa Majesté a permis auxdits Consuls & Habi-

tans de Narbonne d'emprunter les sommes nécessaires, & aux Commissaires ordinaires du Diocése de fournir le crédit dudit Diocése pour lesdits emprunts, tant en principal qu'intérêts sur les fonds ci-dessus destinés, &c.

Quoique M. de Seignelay, Ministre d'Etat eût prévenu M. Niquet par une Lettre du 6 Mai 1686, antérieure à l'Arrêt dont on vient de parler, *que Sa Majesté ayant approuvé les propositions qui ont été faites sur la Jonction de la Robine de Narbonne au Canal, il lui donnoit ordre de se rendre incessamment sur les lieux pour faire un bon Devis de ce travail qui étoit de conséquence, & une estimation juste de la dépense, & lui recommandoit d'y travailler sans perdre de tems, & avec application*; ce ne fut que le deux Février mil six cens quatre-vingt-huit, que cet Ingénieur donna *le Devis des Ouvrages à faire pour communiquer à la Ville de Narbonne la Navigation du Canal Royal de la Jonction des Mers*, dans lequel il n'expliqua point à combien la dépense monteroit, se contentant d'indiquer en général tous les travaux relativement à des plans ou profils qui ne nous ont point été remis. M. Niquet avoit une si grande idée de ce Canal & de la maniere dont il seroit exécuté, qu'après avoir marqué la disposition des Ecluses, il ajoûte, en parlant du Canal; *ce qui rendra ce petit Ouvrage le plus beau & le plus achevé de l'Europe.*

Le 7 Février 1688, M. Lamoignon de Baville adjugea *au sieur Maton, Architecte & Bourgeois de Lyon, les Ouvrages à faire depuis la Riviere d'Aude jusqu'à la Ville de Narbonne, conformément au Devis de M. de Niquet pour la somme de 107000 livres, à condition de faire par ledit Maton pour 10000 livres d'Ouvrages qui devoient tenir lieu de cautionnement, dont il ne seroit payé qu'après l'entiere perfection & réception du total; au-delà de laquelle somme de 10000 livres, il seroit payé des Ouvrages qu'il feroit, à fur & à mesure qu'ils avanceroient.... & seroit ledit Maton déchargé de toutes prétentions & demandes des Propriétaires des terres voisines du Canal sur lesquelles il amassera ses matériaux, tant pour les fonds que pour les chemins, passages & autres choses, suivant la liquidation qui en seroit faite par M. l'Intendant, s'il y écheoit; ne seroit pareillement tenu d'aucun retardement des Moulins, & lui seroient les sommes à lui dûes pour lesdits Ouvrages payées en la Ville de Narbonne, à condition par lui d'exécuter le Devis en tous ses points depuis la Riviere d'Aude jusques dans la Ville de Narbonne, & de rendre lesdits Ouvrages faits & parfaits, & en état de visite & réception à la fin du mois de Septembre 1689.*

Le 16 Mars 1690, M. l'Intendant adjugea au sieur Lambert & ensuite au sieur de Pardaillan certaines augmentations qui furent faites au Devis; & le nouveau Canal depuis la Ville de Narbonne jusqu'à la Riviere d'Aude au Gaillousti fut en état de réception à la fin de 1690.

Cette partie de Canal qui a coûté environ deux cens milles livres à la Ville de Narbonne n'a point été continuée au-delà de la Riviere d'Aude, & il reste encore deux mille cent soixante toises de Canal à faire depuis la Riviere d'Aude jufqu'au Sommail pour joindre la Robine jufqu'au Canal Royal.

C'eft cette derniere partie de Canal dont la Ville de Narbonne demande la conftruction depuis 1724 ou 1736, & qui fait le fujet de la conteftation fur laquelle le Confeil doit juger entre M. le Marquis de Crillon, ceffionnaire de la Ville de Narbonne, & MM. les Propriétaires du Canal Royal.

Les prétentions & les raifons des deux Parties, répandues dans quantité de Mémoires qui nous ont été remis, & que nous avons lus avec la plus grande attention par ordre de M. Trudaine, font extraites & rapprochées avec tant d'exactitude, & balancées avec tant de Juftice dans l'Avis de M. de Saint Priez favorable à la continuation du Canal & dans la Délibération des Etats du 9 Mars 1754, contraire à cette continuation, que nous craindrions de les affoiblir, fi nous entreprenions de faire l'extrait de ces deux Avis, où elles gagnent à être lues; d'ailleurs le Confeil qui demande notre Avis fur la poffibilité d'unir la Robine de Narbonne au Canal Royal fans nuire à la Navigation de ce Canal, n'attend pas de nous que nous examinions les droits des deux parties, ni l'utilité ou l'inutilité dont cette union peut être au Commerce, à la Province & au Roi. Ainfi, après avoir fait remarquer en paffant que toutes les Villes telles que Agde, Cette, & Beziers, dont le Commerce pourroit fouffrir quelque diminution par la Jonction des deux Canaux qui donneroit un nouveau debouché du Canal Royal à la Mediterranée s'oppofent à cette union; que les Villes auxquelles le nouveau débouché feroit favorable, ou qui peuvent effuyer des retards dans le Canal Royal à fon paffage dans la Riviere d'Orbe près Beziers, demandent prefque toutes la continuation du Canal de Narbonne, pourvû qu'il ne nuife point à la Navigation du Canal Royal; & que celles qui s'y oppofent ne le font que dans la crainte qu'il n'y ait point affez d'eau pour la Navigation des deux Canaux; nous nous contenterons de difcuter les opérations qui ont été faites pour conftater la poffibilité d'unir le nouveau Canal au Canal Royal fans nuire à la Navigation de ce dernier, & de donner les raifons fur lefquelles notre avis eft fondé.

Pour mieux faire entendre ce que nous avons à dire fur la poffibilité de l'union des deux Canaux, nous commencerons par donner une idée du Canal Royal & des eaux qui fourniffent à fa Navigation; on trouve dans le Procès-verbal de M. Dagueffeau fur la réception du Canal Royal du 13 Juillet 1684, que les ruiffeaux de Alzeau & Coudiere, de Cantemerle, Bernaffonne, Lampi, Lampillion, de Rieuton, & quelques autres qui ont leur fource dans la Montagne noire aux Diocèfes de Carcaffonne, Caftres & Lavaur, & qui fe jettoient les uns dans la Riviere d'Aude, les autres dans celle de l'Agouft, fourniffent les premieres & les plus hautes eaux du Canal des deux Mers. Ces eaux ramaffées dans le réfervoir de S. Ferriol avec quelques autres que les Propriétaires du Canal Royal y ont amenées depuis, & delà là conduites à Noroufe, élevé de 100 toifes au-deffus des deux Mers, dans un baffin où le point de partage du Canal a été établi, defcendent d'un côté vers l'Océan, de l'autre côté vers la Mediterranée, & établiffent une Navigation entre ces deux Mers. Le Canal de Narbonne devant tirer fes eaux de la partie du Canal Royal qui defcend vers la Mediterranée; c'eft feulement de cette derniere partie qu'il faut donner une idée.

On defcend du point de partage par quarantes éclufes dont les unes font fimples, & les autres à deux, trois & même quatre Sas accolés dans un Canal de niveau fur plus de onze lieues de longueur, appellé la Grande Retenue. Les eaux qui defcendent du baffin de Noroüze fe joignent à plufieurs petites rivieres pour fournir à la Navigation dans la defcente de ces quarante Eclufes. Mais on prétend que dans les tems de féchereffe, ces rivieres & ruiffeaux ne fourniffent prefque rien, & que le réfervoir de S. Feriol eft la feule reffource que l'on ait pour defcendre du point de partage dans la Grande Retenue.

Outre les eaux qui defcendent du point de partage, la Grande Retenue reçoit encore les eaux de la Riviere de Ceffe qu'on a barrée par une digue appellée Chauffée de la Roupille, pour en faire regonfler les eaux & les conduire dans cette Grande Retenue par un petit Canal appellé Rigole de Mirepeiffet.

C'eft de cette Grande Retenue, nourrie non-feulement par les eaux qui defcendent du réfervoir de S. Feriol, mais encore par toutes celles de la riviere de Ceffe, qu'on peut retenir par la Chauffée de la Roupille, qu'on propofe de tirer des eaux pour le Canal de Narbonne dans un endroit appellé le Sommail affez proche de la Riviere de Ceffe.

De la Grande Retenue on defcend dans la riviere d'Orbe ou de Beziers par huit Sas accolés, appellés les Eclufes de Fonceranne, & enfuite par une Eclufe double appellée de Notre-Dame, les Propriétaires du Canal Royal prétendent que la prodigieufe quantité d'eau que l'on tire de la Grande Retenue dans la defcente ou la montée des Eclufes de Fonceranne, les évaporations & filtrations que cette Grande Retenue fouffre, peuvent à peine être remplacées dans les tems de féchereffe par les eaux qu'elle reçoit de la riviere de Ceffe & de la Navigation fupérieure.

La Chauffée de la Roupille fut d'abord conftruite en maçonnerie; & lors du Procès-verbal de M. Dagueffeau, elle fubfiftoit prefqu'en entier, quoique entamée par une breche; mais foit qu'on n'eût pas pris les précautions néceffaires pour la bien fonder ou qu'il fût trop difficile pour ne pas dire impoffible de faire une fondation folide dans le lit de la riviere de Ceffe, elle fut renverfée en 1692; & quoiqu'elle ait été reconftruite peu de tems après en maçonnerie, elle fut renverfée pour la feconde fois en 1694, & on lui fubftitua une Chauffée en bois conftruite avec pilotis & platplanche infiniment moins coûteux que la maçonnerie, mais auffi moins propre à retenir les eaux.

Une partie de cette nouvelle Chauſſée ayant été emportée, & l'autre partie dégradée en 1724, elle a été réparée avec des piquets, des clayonnages & du gravier, & on la charge tous les ans à meſure qu'elle ſe dégrade.

Suivant quelques obſervations qui ont été faites par M. Daſté au mois d'Août 1752, cette derniere Chauſſée laiſſe échapper plus d'un cinquieme des eaux de la riviere de Ceſſe; & il reſulte de tous les rapports qui ont été faits ſur cette Chauſſée, que ſi elle étoit conſtruite en bonne maçonnerie, comme elle le devroit être, & comme les Propriétaires du Canal y ſont obligés, elle perdroit une quantité d'eau beaucoup moins conſidérable, & fourniroit par conſéquent plus abondamment à la Navigation.

L'embouchure du Canal Royal dans la riviere d'Orbe eſt ſujette à être enſablée dans les crues de cette riviere, au point que les Barques ſont obligées d'attendre nombre de jours pour entrer dans le Canal; & courant riſque de manquer les foires pour leſquelles elles ſont deſtinées, on eſt quelquefois obligé de voiturer par terre les Marchandiſes dont elles étoient chargées. C'eſt ſans doute cet inconvénient qui a déterminé pluſieurs Villes qui ne ſont pas ſur le Canal Royal, & particulierement celle de Montpellier à demander l'achevement du Canal de Narbonne pour avoir un nouveau débouché qui les diſpenſât d'attendre au paſſage de la riviere d'Orbe.

Le reſte du Canal juſqu'à Beziers ne ſouffre aucune difficulté; mais comme il ſeroit moins fréquenté, ſi le Canal de Jonction avoit lieu, les Villes de Cette & d'Agde y pourroient perdre quelque choſe; ce qui fait le principal motif de leur oppoſition.

En 1736, le frere Pons, Religieux Carme, demanda par un Mémoire aux Etats qu'il fût permis à la Ville de Narbonne de reprendre la conſtruction de ſon Canal ordonnée par l'Arrêt du Conſeil de 1686, ſi mieux elle n'aimoit en charger une Compagnie qu'il préſentoit. Sur cette propoſition il fut délibéré le 30 Janvier 1736, qu'il convenoit d'examiner ce qui avoit donné lieu de diſcontinuer les Ouvrages pendant ſi long-tems, & après les depenſes conſidérables qui y avoient été faites. On chargea MM. les Syndics généraux de prendre à ce ſujet les éclairciſſemens néceſſaires pendant le cours de l'année, de ſe faire remettre les Mémoires tant de la Ville de Narbonne que des Propriétaires du Canal Royal, & d'autres qui pourroient avoir intérêt à ce Projet, pour les examiner de concert avec M. de Bernage, & en rendre compte aux Etats prochains.

Pendant ce tems-là la Ville de Narbonne ſe trouvant autoriſée par des titres reſpectables, crut pouvoir les mettre à exécution; elle prit en conſéquence deux Délibérations les 11 Juin & 24 Août 1736; elle céda par la premiere la Propriété tant du Canal à conſtruire que de ſa Robine à ceux qui voudroient ſe charger de faire finir les Ouvrages pour joindre ladite Robine au Canal Royal; & par la ſeconde xj

cette ceffionfut faite au fieur Mathieu Sciau, Marchand de Gignac & Compagnie.

Les Syndics généraux de la Province ayant pris pendant l'année 1736 des éclairciffemens fur le Projet de la Jonction des Canaux, & ayant rendu compte le 11 Janvier 1737, à l'affemblée des Etats, il fut délibéré de fupplier Sa Majefté de renvoyer à M. de Bernage, pour lors Intendant de Languedoc, toutes les conteftations formées & à former à l'occafion de ce Projet, pour être par lui procédé à l'inftruction de l'utilité & des inconvéniens d'icelui fur les Dires & Mémoires des parties, pour le tout rapporté aux Etats fuivans, être délibéré ce qu'il conviendroit à l'avantage de la Province.

Sur la requête des Etats il fut rendu le 17 Janvier 1737 un Arrêt du Confeil qui ordonne que les Confuls de Narbonne, les Propriétaires du Canal Royal, & autres parties intéreffées remettroient dans le délai de trois mois par-devant M. de Bernage leurs Mémoires & autres Pieces concernant la Jonction de la Robine de Narbonne au Canal Royal, autorifant cet Intendant à faire procéder par des Experts à toutes les Vérifications qui feroient par lui jugées néceffaires, pour être le tout communiqué à l'Affemblée prochaine des Etats, à l'effet d'être par eux délibéré fur l'utilité dudit Ouvrage, & fur le tout rapporté audit Confeil avec l'Avis de M. l'Intendant être par Sa Majefté ordonné ce qu'il appartiendra. Cet Arrêt fut publié & affiché dans les principales Villes des Sénéchauffées de Carcaffonne, Touloufe & Beaucaire.

Sur les raifons refpectivement alléguées par les Parties, Villes & Chambres du Commerce, les Etats délibérerent le 28 Novembre 1737, qu'avant qu'on pût rien déterminer fur le Projet de la Ville de Narbonne il feroit procédé à la vérification par elle demandée, les Parties intéreffées dûement appelées; & le 28 Septembre 1738, M. l'Intendant commit M. Thierry Ingénieur, en chef à Perpignan, pour procéder fur les lieux, en préfence des parties intéreffées, à l'examen & vérification des inconvéniens propofés par quelques-unes des Parties contre le Projet dont il eft queftion, à l'effet de conftater précifément fi les eaux qui fourniffent à la Navigation du Canal Royal, peuvent fuffire pour fournir à celle du Canal de la Jonction de la Robine de Narbonne audit Canal, fans que la Navigation dudit Canal Royal puiffe en fouffrir aucun dommage ni interruption; ou fi en cas d'infuffifance des eaux qui fervent actuellement à la Navigation dudit Canal Royal, celles qu'il feroit néceffaire d'en tirer pour rendre le Canal de Jonction navigable, peuvent y être remplacées avec affez d'abondance par quelques moyens, defquels il ne réfulte aucun inconvénient préjudiciable à la Navigation du Canal Royal ou aux parties intéreffées; entendre fur ce contradictoirement les dires & requifitions de toutes les Parties, en dreffer Procès-verbal & donner fur le tout fon Avis.

En exécution de cette ordonnance qui fut fignifiée aux Propriétaires du Canal Royal, à plusieurs Villes & Chambres du Commerce de la Province, M. Thierry, après avoir fait assigner toutes les Parties intéressées, commença à travailler au fait de sa commission le 27 Octobre 1738 en présence de M. de Bonrepos un des Propriétaires du Canal Royal, des Députés des Villes de Narbonne, Toulouse & Carcassonne, des Députés du Corps des Marchands des mêmes Villes, & de M. de Clapiés qui fut nommé par M. l'Archevêque de Narbonne pour assister à cette vérification en qualité de Syndic général de la Province, attendu que MM. les Syndics étoient occupés ailleurs. Il finit son Procès-verbal le 3 Décembre, & donna son Avis le 30 du même mois & de la même année 1738.

M. Thierry conformement à sa commission s'est proposé d'examiner premierement si les eaux du Canal Royal sont suffisantes, pour fournir pendant toute l'année à la Navigation de ce Canal, & à celle du Canal de Jonction. Mais la saison pluvieuse & d'ailleurs trop avancée dans laquelle il avoit procédé à cet examen, ne lui permit pas de décider cette question pour les tems les plus secs de l'année. *Il ne croit pas cependant necessaire de faire une nouvelle vérification l'été, pour mésurer les eaux des Rivieres, qui fournissent à la Navigation du Canal Royal, & voir si ces eaux peuvent fournir aussi en même tems à celle du Canal projetté; & il est d'avis qu'une vérification faite en ce sens ne pourroit être utile, que supposé qu'il n'y eût point, ou peu d'eaux superflues au Canal Royal, ou au contraire qu'il y en eut une trop grande quantité; que cette vérification seroit embarrassante & infructueuse dans le cas où il n'y auroit pas tout-a-fait assez d'eau superflue pour la nourriture du Canal de Narbonne, ou bien dans celui où il n'y en auroit précisement que ce qu'il en faudroit; que celui qui seroit chargé dans l'une ou l'autre de ces circonstances d'une pareille vérification, ne pouvant mesurer avec la derniere exactitude les eaux que les Rivieres pourroient fournir, & n'étant pas possible qu'il fît d'un autre côté des estimations entierement justes de la dépense d'eau qui se feroit par les joints des portes des Ecluses, & par les filtrations qu'une infinité de causes peuvent faire varier, après avoir pris des peines infinies, demeureroit dans le doute & suspendroit son jugement.*

M. Thierry ayant eu lieu de croire par les informations qu'il avoit faites sur l'état de la Riviere d'Argendouble, pendant l'été, & sur les cinq Fontaines qui sont dans le voisinage de la Redorte, que cette Riviere & ces Fontaines pourroient fournir au Canal Royal un volume d'eau assez considerable qu'on pourroit destiner au remplacement de celle qu'on en tireroit pour le nouveau Canal; & s'étant assuré qu'on pourroit à certaines conditions remplacer à Trebès ou à Carcassonne par la Riviere d'Aude les eaux que l'on prendroit au Canal Royal pour la Navigation de celui de Narbonne projettée, *est d'avis que l'on construise ce dernier Canal, si aucune raison de politique & de Commerce ne s'y oppose.*

Ce

Ce Canal, dit-il, se trouvant dans un état de perfection, ainsi que toutes les Ecluses qui doivent partager sa longueur en retenues differentes dans les tems de l'année où il y auroit évidemment des eaux superflues au Canal Royal, on pourroit les employer à l'usage de celui de Narbonne. Les tems les plus secs de l'année ayant succédé, ... il faudroit prendre des mesures pour que toutes les eaux qui pourroient être superflues au Canal Royal, ou que les Propriétaires négligeroient d'y introduire, fussent infailliblement tournées au profit de celui de Narbonne...... S'il paroissoit après plusieurs expériences, & après que les terriers auroient été abreuvés pendant un certain tems, que ces eaux ne fussent pas suffisantes ; on masqueroit avec soin la premiere Ecluse du nouveau Canal ; si on avoit lieu de craindre que les filtrations qui se feroient au travers des Joints de ses portes puissent nuire au Canal Royal, alors on verroit si la petite riviere d'Argendouble & les fontaines qui sont dans les campagnes voisines de la Redorte pourroient fournir un supplément d'eau suffisant : si on avoit lieu de l'esperer, on pourroit creuser en peu de tems & à peu de frais une rigole convenable pour ramasser toutes ces eaux & les conduire au-dessous de l'Ecluse de Jouarre dans le Canal des deux Mers.

En ouvrant ensuite le nouveau Canal de Narbonne, on expérimenteroit, si on lui auroit procuré les eaux qui auroient pû lui manquer. Enfin, si cela ne suffisoit point encore, on iroit prendre dans la riviere d'Aude, à Trebès, à Carcassonne, ou à quelqu'autre endroit, toutes les eaux qui seroient jugées necéssaires au Canal Royal pour lui remplacer abondamment celles qu'il fourniroit pour le Canal projetté.

Il met l'alternative entre Carcassonne & Trebes, & même quelques autres endroits, n'ayant pu ni dû combiner ce qui devoit donner lieu à un choix & à une préférence entre ces deux endroits, ni pû voir dans les circonstances où il s'est trouvé tous ceux où l'on pourroit peut-être encore avec plus de succès prendre des eaux dans la riviere d'Aude au-dessous de celle d'Oignon, & même ailleurs. M. Thierry pense que son Avis étant exécuté, les Propriétaires du Canal Royal ne pourroient craindre qu'on usât de méprise, & que l'on regardât comme superflues au Canal Royal des eaux qui lui seroient necéssaires ; & d'un autre côté la Ville de Narbonne ne pourroit se plaindre, si on la contraignoit d'aller chercher des eaux de remplacement dans la riviere d'Aude ou ailleurs, qu'on l'eut obligée à fournir au même Canal des eaux inutiles, & dont il auroit pû se passer.

L'Avis de M. Thierry pour construire le Canal de Jonction avant de donner au Canal Royal des eaux de remplacement, paroît supposer que la Grande Retenue a des eaux surabondantes, quoiqu'il n'ose pas l'assurer, & que le terrein où sera creusé le nouveau Canal sera d'aussi bonne qualité que celui du Canal Royal pour contenir les eaux.

En effet M. Thierry ayant reconnu que la Chaussée de la Roupille qui barre la riviere de Cesse, & qui avoit été construite deux fois en maçonnerie, est àpresent de mauvaise construction, n'étant

d

qu'un composé de bois, de gravier, de caillou & de caladas, & laisse échapper une grande partie des eaux de cette riviere, avoit lieu de croire que si cette Chaussée étoit construite en bonne maçonnerie, elle fourniroit à la Grande retenue du Canal Royal une quantité d'eau plus que suffisante pour la Navigation & l'entretien de celui de Jonction; & il ne regarde point cette construction comme impossible, quoiqu'il pense que le renversement des deux Chaussées précédemment faites en maçonnerie, & la réputation de ceux qui les avoient construites, soient de puissans motifs pour obliger ceux qui en construiront une nouvelle, de pousser fort loin les précautions.

A l'égard de la nature du terrein dans lequel le nouveau Canal seroit enfoncé, il pourroit croire *qu'il est de la même qualité que celui qui borde la riviere de Cesse en différens endroits, où, sous un banc de gravier de 8 à 9 pieds, plus ou moins, qui forme le haut du terrein, il y a une masse de glaise ou de terre grasse, qui descend jusqu'au bas, & qui s'enfonce sans doute bien avant au-dessous de la riviere;* & il avoit reconnu ce même banc de gravier par neuf trous faits de distance en distance dans l'alignement du Canal projetté, qu'on n'avoit pas pû enfoncer jusqu'au tuf ni à la profondeur où devoit être le plafond du Canal.

Le premier trou avoit été creusé de 8 pieds trois pouces de profondeur, à 171 toises du Canal Royal dans un endroit qui devoit répondre à la premiere retenue; & ce trou devoit être encore approfondi de quatre pieds sept pouces & demi pour arriver à la base du nouveau Canal où M. Thierry présume qu'on pourroit trouver le tuf. Le fond de ce trou étoit de gravier rude, compact & mêlé de caillou; & quoiqu'il eût été achevé le 15 Novembre, il n'y trouva point d'eau le 18, quoiqu'il y en eût dans le fossé voisin.

Le second trou avoit été enfoncé de six pieds sept pouces & demi dans un terrein qui avoit 2 pieds 8 pouces d'une espece de terre grasse au-dessus d'un gravier assez compact, mêlé de caillou qui descendoit jusqu'au fond du trou, où il trouva 5 pouces 4 lignes d'eau; ce trou ayant été fait à 460 toises du bord du Canal Royal, devoit probablement se trouver en quelqu'endroit de la retenue; & comme son fond étoit à 22 pieds 10 pouces 2 lig. & demie au-dessous de la superficie des eaux du Canal Royal, il devoit être encore approfondi de 11 pieds 1 pouce 9 lignes pour aller au fond de la 2e retenue du nouveau Canal qu'il présume devoir se trouver dans le tuf.

Le troisieme trou fut creusé de 7 pieds 10 pouces de profondeur à 650 toises du Canal Royal dans un endroit qui devoit encore appartenir à la 2e retenue du nouveau Canal. On y trouva sous environ trois pieds de terre d'un brun rougeâtre, un gravier mêlé de pierres qui descendoit jusqu'au fond. Ce fond étoit à vingt-huit pieds deux pouces deux lignes au-dessus de la superficie des eaux du Canal Royal & de cinq pieds 10 pouces au-dessus du fond de la seconde retenue.

Le 4e trou fut creusé à 868 toises du Canal Royal dans un endroit qui appartiendroit à la troisieme retenue ; on y trouva sous quinze à seize pouces de terre du gros gravier mêlé de caillou jusqu'au fond qui étoit à trente-quatre pieds cinq pouces au dessous des eaux du Canal Royal, & 13 pieds six pouces 4 lignes au dessus du fond de la 3e retenue du Canal projetté. M. Thierry pretend qu'il ne faudroit pas desesperer de trouver le tuf en cet endroit.

Le cinquieme trou fut creusé à 1024 toises de distance du Canal Royal de huit pieds cinq pouces de profondeur dans un terrein où il paroissoit sept à huit pouces de terre sous laquelle on trouva jusqu'au bas du gros gravier mêlé de cailloux de différentes grosseurs. Le fond de ce trou, dans lequel il y avoit 9 pouces d'eau, étoit à quarante pieds cinq pouces au dessous des eaux du Canal Royal & de sept pieds sept pouces au-dessus du fond de la troisieme retenue du nouveau Canal.

Le sixieme trou fut creusé de quatre pieds six pouces de profondeur dans quelqu'endroit de la troisieme retenue à 1170 toises du Canal Royal. On y trouva, sous deux pieds quatre pouces de bonne terre, du gros gravier mêlé de caillou. Il fut d'abord rempli d'eau, & il y avoit dix pouces huit lignes ; le 19 Novembre son fond étoit 42 pieds 6 pouces 4 lignes & demie au-dessous de la superficie des eaux du Canal Royal, & 5 pieds 5 pouces 7 lignes au dessus du fond de la troisieme retenue.

Le 7e trou n'avoit qu'un pied neuf pouces de profondeur ; il fut d'abord rempli d'eau, il étoit creusé dans un terrein noirâtre, qui parut fort serré à 1385 toises du Canal Royal dans quelqu'endroit qui répondoit à la quatrieme retenue. Son fond étoit 49 pieds 5 pouces & demi au dessous des eaux du Canal Royal ; & il falloit le creuser encore de 12 pieds 2 pouces 6 lignes & demie pour arriver au fond de la 4e retenue.

Le 8e trou fut encore creusé de trois pieds sept pouces de profondeur dans quelqu'endroit de la 4e retenue à 1675 toises du Canal Royal. Il contenoit près d'un pied d'eau sous un pied de terre douce & rougeâtre : on y trouva à en juger, par les déblais, du gros gravier mêlé de cailloux. Son fond étoit à 57 pieds 6 pouces 9 lignes au-dessous des eaux du Canal Royal, & 4 pieds 5 pouces 3 lignes au-dessus de celui de la 4 retenue du nouveau Canal.

Le 9e & dernier trou fut enfoncé de 6 pieds & demi dans un terrein doux & sablonneux en un endroit appartenant à la partie la plus basse du Canal qui iroit depuis le bas de la 5e Ecluse jusqu'à la riviere d'Aude ; on y trouva 13 pouces 8 lignes d'eau. Son fond étoit 60 pieds 2 pouces 4 lignes & demie au-dessous des eaux du Canal Royal, & 15 pieds 9 pouces 7 lignes & demie au-dessous du fond que le Canal projetté auroit en cet endroit.

M. Thierry ayant trouvé de l'eau dans les trous qu'il fit creuser en des endroits appartenans à la 3e & 4e retenue & à la partie qui doit joindre à la riviere d'Aude, auroit pû assurer avec raison que le terrein de la moitié inférieure du Canal projetté étoit suffisamment abreuvé, & qu'il n'y avoit point de transpiration à craindre dans cette moitié du Canal dont il vérifioit la possibilité; & l'espérance, qu'il avoit de rencontrer le tuf, en fouillant plus bas, pouvoit lui faire croire que cette partie du Canal n'auroit besoin que des eaux necessaires pour le passage des Batteaux par les Eclufes. D'ailleurs cette partie du Canal devoit être nourrie, du moins en partie, par la fontaine de l'Adou, située près de Massignan qu'on assura à M. Thierry être très-abondante, même l'été. Il est vrai que M. de Caraman dans l'examen qu'il a fait des opérations de M. Thierry & du rapport qu'elles ont avec son Avis, *offre de prouver que l'hiver, cette fontaine ne coule que très-peu, & que toutes les fois que la partie du Sommail est à sec, la moitié de cette fontaine ne coule plus;* mais il importe peu que cette fontaine ne coule point dans l'hiver, & lorsque la partie du Sommail est à sec; puisqu'en hiver la grande retenue a des eaux surabondantes dont elle pourra nourrir le Canal projetté, & que dans le tems qu'elle sera à sec le nouveau Canal le sera vraisemblablement aussi; on n'aura pas besoin de nourriture faute de Navigation.

A l'égard des trous qu'il a faits dans les endroits appartenans aux deux retenues supérieures, & dans lesquels il n'a trouvé que du gravier mêlé de cailloux sans eau; premierement il pouvoit espérer de trouver un meilleur terrein en approfondissant davantage; & ses espérances étoient fondées sur la nature de celui qui borde la riviere de Cesse, laquelle coule parallelement au Canal projetté à peu de distance de ce Canal. 2° Quand même M. Thierry n'auroit pas eu l'espérance de trouver un terrein meilleur ni plus abreuvé pour la partie supérieure du Canal de Narbonne, & que la partie inférieure seroit dans le même cas que la supérieure, il auroit pû assurer que de pareils terreins ont été étanchés par le dépôt seul des eaux qui y couloient, & que des terreins beaucoup plus mauvais l'ont été en très-peu de tems en mettant des glaises sous les empellemens des portes des Eclufes pour être délayées par l'eau qui sortoit de ces empellements. Car l'eau chargée de la glaise qu'elle délaye, la porte avec elle dans les interstices des cailloux par lesquels elle transpire, la dépose dans ces interstices & se ferme ainsi les issues par lesquelles elle s'échappoit.

Ces manœuvres ne sont pas nouvelles: on en a fait d'heureuses épreuves dans les Canaux de M. le Duc d'Orléans.

On ne voit donc pas pourquoi M. Thierry, relativement à la requisition de M. de Bonrepos du 11 Novembre, dit que *si la base de chacune des Retenues du nouveau Canal projetté étoit, ainsi que le talus intérieur de ses terriers, pratiquée dans un terrein graveleux & pierreux semblable au haut du terrein où les six premiers trous ont été creusés dans l'alignement qu'on se propose de lui faire suivre, il seroit persuadé comme il le dira encore ailleurs, qu'il y auroit des filtrations à craindre. La grande profondeur où le Canal seroit excavé, devoit le rassurer contre les filtrations qu'il ne paroît craindre que pour très-peu de tems, après que le Canal sera achevé.*

Nous

Nous convenons, dit-il, *avec M. de Bonrepos dans sa replique du 14 No-vembre, que le Canal projetté étant excavé dans un terrein neuf, il pour-roit d'abord s'y faire une transpiration considérable ; mais nous ne donne-rons point comme lui à cette transpiration d'epithette aussi forte* *, & nous entreprendrons encore moins de décider quelle quantité d'eau elle peut ab-sorber. Nous sommes persuadés que le limon que l'eau dépose peut dimi-nuer les filtrations ; mais pour produire cet effet il n'est peut-être pas né-cessaire d'un espace de tems fort long.*

> * M. de Bon-repos avoit dit que cette tranf-piration feroit prodigieufe.

Les craintes de M. Thierry sur la transpiration ne sont donc pas des doutes sur la possibilité du Canal ; & ces craintes qui ne sont que pour un tems très-court, pendant lequel la grande retenue fournira imman-quablement des eaux superflues qu'on pourra, s'il est necessaire, nour-rir de glaise capable d'empêcher les transpirations, ne doivent point arrêter.

> Lors de la visite de M. Thierry, la grande retenue avoit des eaux superflues, mê-me de l'aveu de M. de Bonre-pos.

Ce qui pouvoit faire croire à M. Thierry que le Canal Royal avoit des eaux furabondantes même en été, quoiqu'il n'ose l'assurer, c'est que ne se faisant plus, suivant M. de Bonrepos, une si grande consom-mation d'eau au Canal Royal qu'au commencement de sa Navigation, à cause des filtrations qui avoient été diminuées par le limon & la vase que les eaux avoient déposés, il devroit y avoir aujourd'hui beaucoup plus d'eau superflue qu'il n'y en avoit d'abord ; & comme on voit par le Procès-verbal de visite de M. Daguesseau en 1684, qu'on ne manquoit point d'eau au Canal ; qu'on négligeoit même de prendre à la Montagne noire toutes les eaux qu'on auroit pu y ramasser, & que malgré cette négligence M. de Niquet avoit cru que le Canal Royal avoit des eaux superflues, capables de nourrir celui de Nar-bonne & de fournir à la Navigation ; on pourroit conclure, comme a fait M Thierry en faveur de l'achevement du Canal de Narbonne, independamment des eaux de remplacement qu'on pourroit donner au Canal Royal à la place de celles qu'on en tireroit.

M. de Caraman répond qu'en 1688, on régla les 54 aqueducs du Canal, & on supprima par leur moyen 54 prises d'eau ; que ces Ouvrages en diminuant l'envasement du Canal, avoient augmenté la pénurie de ses eaux.

Mais M. de Niquet qui ne pouvoit pas ignorer tout ce qui fut réglé pour le Canal en 1688 & qui devoit avoir la plus grande part à ce réglement donna précisément dans cette même année son Devis pour le Canal de Narbonne. Or il n'est pas probable que M. de Niquet eût donné ce Devis, & qu'on eût travaillé en conséquence jusqu'en 1690, si les prises d'eau qu'on avoit résolu de supprimer dans le Ca-nal Royal eussent été de quelque importance, & si leur suppression eut pu oter au Canal Royal les eaux superflues dont il devoit nour-rir le Canal de Narbonne.

L'idée où paroît être M. Thierry, que les eaux de la riviere de Cesse reçues dans la grande retenue sont suffisantes aux deux Navi-gations, fait que, sans s'arrêter en cas d'insuffisance au moyen le plus

fûr de remplacer avec la plus grande abondance des eaux dans le
Canal Royal, parce que ce moyen le plus fûr feroit en même tems le
plus coûteux; il propofe d'abord pour ce remplacement la riviere
d'Argendouble & les fontaines qui font dans les Campagnes de la
Redorte, comme le moyen le plus facile & le moins difpendieux, &
dont la certitude lui paroiffoit affez bien établie par le témoignage de
ceux qu'il avoit confultés fur l'état de cette riviere, & de ces Fontaines pendant l'été. Mais comme M. de Bonrepos dans fa requifition
du premier Décembre mil fept cens trente-huit avoit objefté que la
riviere d'Argendouble étoit plutôt un torrent qu'une vraie riviere,
qu'elle tariffoit pendant l'été au point de ne pouvoir être d'aucun fe-
cours à la Navigation; M. Thierry en vient enfin à la riviere d'Aude
dont perfonne ne conteftoit la fuffifance, pour remplacer abondamment dans le Canal Royal les eaux qu'il pourroit fournir à celui de
Narbonne.

M. de Clapiés, qui en 1724 avoit été chargé par M. l'Archevêque &
MM. les Confuls de Narbonne de vérifier s'il étoit poffible de joindre aux eaux du Canal partie de celles de la riviere d'Aude, avoit
déja dit dans fon Mémoire du 6 Mai 1724, que de tous les moyens
qu'on peut avoir imaginés pour rendre le Canal Royal navigable en
toutes faifons, fur-tout dans la partie comprife entre l'Eclufe de Frefquel & celle d'Argens où les eaux manquent prefque toujours en été,
le plus fûr & peut-être l'unique moyen eft de joindre aux eaux du
Canal partie de celles de la riviere d'Aude qui ne tarit jamais, &
qui eft des plus abondantes; & il avoit prouvé par fes nivellemens,
1° que fi la Ville de Carcaffonne en vouloit faire la depenfe, elle
pourroit en prenant partie des eaux de la riviere d'Aude au-deffus de
la Chauffée de Tinda, avoir non feulement des moulins qu'elle pourroit faire conftruire jufqu'au Pont, mais encore un Canal de communication qui auroit fon débouché dans le Canal Royal entre l'Eclufe
& la riviere de Frefquel; 2° que fi ne fe fouciant pas des moulins,
elle vouloit feulement un Canal de communication au Canal Royal,
on pourroit commencer ce Canal immédiatement au deffous du Pont,
& que dans ces deux cas deux Eclufes feroient fuffifantes; 3° que fi
indépendemment de la Ville de Carcaffonne, on vouloit feulement dériver une partie des eaux de la riviere d'Aude, pour l'entretien & la dépenfe du Canal Royal, on les pourroit tirer commodément par une
rigole, qui commenceroit à 30 toifes au deffous du moulin ruiné de
S. Nazaire, & qui aboutiroit au-deffous de l'Eclufe de Frefquel
avec huit pieds de pente; que dans ce cas, quoiqu'il y eût plus de
pente qu'il n'eft neceffaire, il faudroit pour affurer la prife, barrer la
riviere par une petite Chauffée en écharpe.

Il avoit auffi trouvé par fes nivellemens, que les eaux de la riviere d'Aude prifes au-deffous du Pont de Trebès près du moulin
ruiné, font d'environ 18 pouces plus baffes que les eaux du Canal
prifes au-deffous de l'Eclufe triple de Trebès, & que fi l'on barre la

riviere en cet endroit pour faire regonfler les eaux de cinq pieds ; on aura trois pieds & demi de pente depuis la riviere jufqu'au-deffous de ces Eclufes ; ce qui eft plus que fuffifant pour dériver des eaux de la riviere, la diftance d'un terme à l'autre n'étant pas de 400 toifes.

M. de Clapiés convient qu'il ne fçauroit fe déterminer fur le choix des deux dernieres prifes d'eau pour l'ufage du Canal Royal, qu'après une vérification faite avec plus de loifir ; celle dont il a rendu compte n'ayant été que pour juger de la poffibilité ou impoffibilité du Projet. Mais cette indécifion n'eft pas un doute fur la réuffite de ces deux prifes, & ne doit être regardée que comme un embarras fur le choix.

En effet, fi d'un côté, la prife d'eau au moulin placé au-deffous du Pont de Trebès, procuroit le moyen de rétablir avantageufement ce moulin, & occafionnoit une moindre indemnité à payer pour le prix des terres à prendre, en exigeant une rigole plus courte des deux tiers que celle qu'on auroit à faire au-deffous du moulin de S. Nazaire près Carcaffonne, elle avoit d'un autre côté l'inconvénient de ne rien fournir à la Navigation depuis les Eclufes de Frefquel jufqu'au-deffous de celle de Trebès ; & elle obligeoit encore à faire une Chauffée plus forte & plus élevée que celle qu'il faudroit conftruire au moulin de S. Nazaire. Ainfi il n'étoit pas poffible à M. de Clapiés de préférer l'une de ces prifes à l'autre fans faire des Devis eftimatifs des Ouvrages à conftruire pour toutes les deux ; & ces Devis ne pouvoient être fondés que fur une vérification des quantités & qualités de terre à remuer des deux côtés, comparées avec celles de maçonnerie & autres chofes néceffaires pour la conftruction des deux digues.

M. de Clapiés parle encore d'un nouvel endroit par lequel on pourroit dériver des eaux de la riviere d'Aude dans le Canal Royal mais il le rejette, non feulement comme trop difficile & trop difpendieux ; mais encore comme ne pouvant fervir qu'à conduire fes eaux dans la grande retenue, à laquelle il obferve que la rigole de la feule riviere de Ceffe en pourroit fournir en abondance, fi les Ouvrages faits pour cette rigole étoient en meilleur état.

On doit bien obferver que M. de Clapiés dans fon Mémoire du 6 Mai 1724 trouve

1° Une pente de 33 pieds depuis la furface des eaux de la riviere d'Aude retenue par la Chauffée appellée Penfieron, attachée à la petite Montagne du Tinda, jufqu'au-deffous de l'Eclufe double de Frefquel.

2° Une pente de vingt pieds depuis la furface des eaux de la même riviere à 100 toifes environs au deffous de Carcaffonne jufqu'au-deffous de ladite Eclufe de Frefquel.

3° Une pente de plus de huit pieds depuis la furface des eaux de la même riviere prife 30 toifes au-deffus du moulin abandonné de Saint Nazaire jufqu'au-deffous de la même Eclufe ; & M. Thierry eftime

qu'il y a encore près de huit pieds de pente depuis la furface de ladite riviere à 100 toifes au-deffous de ce moulin jufqu'au-deffous
de ladite Eclufe.

Si l'on compare enfemble ces derniers nivellemens, on trouvera
que la riviere d'Aude a près de douze pieds de pente depuis l'endroit pris à 100 toifes au-deffous de Carcaffonne jufqu'a celui marqué 30 toifes au-deffous du moulin de S. Nazaire, & un peu plus
de 12 pieds jufqu'à 100 toifes au-deffous du même moulin. Ainfi une
Chauffée qui traverferoit la riviere 30 toifes ou 100 toifes au-deffous du moulin ruiné de S. Nazaire, & qui ne feroit élevée qu'à la
hauteur des baffes eaux, pour affurer la prife d'eau, qu'on voudroit
conduire au-deffous de l'Eclufe de Frefquel, ne contribueroit en rien
dans les inondations à relever les eaux auprès de Carcaffonne. On peut
même affurer que ce relevement des eaux dans les inondations feroit
à peine fenfible au moulin de S. Nazaire.

On ne voit donc pas pourquoi M. Thierry croit avec M. de Bonrepos, *que la Chauffée dont il s'agit quoique très-baffe, pourroit neanmoins
pendant les inondations contribuer à les rendre un peu plus confidérables; ce qui pourroit même mettre la Ville de Narbonne dans le cas de
quelque dédommagement, fi les terres voifines venoient à en fouffrir.*
Car s'il eft vrai que la riviere d'Aude foit affez encaiffée 100 toifes
au-deffous du moulin de S. Nazaire, & qu'en cet endroit on puiffe
conftruire une digue au niveau des baffes eaux, & fi à caufe de la
riviere une telle digue ne peut pas dans les inondations contribuer au
relevement des eaux 100 toifes au-deffus d'elle, comme on l'a fouvent vérifié aux batardeaux établis pour des conftruƐions de ponts dans
les rivieres qui ont beaucoup de pente; les dédommagemens qu'on
paroît craindre n'auront jamais lieu, & l'oppofition de cette digue
à l'écoulement des eaux ne contribuera jamais à faire changer la riviere de lit.

M. Thierry après avoir vérifié qu'il eft poffible de tirer des eaux
de la riviere d'Aude au-deffous du moulin de S. Nazaire & de
les conduire au-deffous de l'Eclufe de Frefquel pour remplacer cel-
que le Canal Royal fourniroit à la Navigation de celui de Narbonne,
a encore vérifié les Opérations que M. de Clapiés avoit faites au-
deffous du Pont de Trebès, & démontré qu'en conftruifant une digue au-deffous de ce Pont, on pourroit dériver des eaux de la riviere
d'Aude, & les conduire au deffus de l'Eclufe triple de Trebès. Mais
M. de Bonrepos oppofe à cette nouvelle prife quelques inconvéniens
de plus qu'il n'avoit oppofés à la premiere.

Les inconvéniens que M. de Bonrepos avoit oppofés à la prife d'eau
au-deffous du moulin de S. Nazaire relativement à la fûreté de
la Navigation du Canal Royal, font que la riviere d'Aude eft un
torrent dont les eaux font fouvent bourbeufes, même dans le tems
où les eaux font peu abondantes dans le Canal Royal; que fi l'on
recevoit

recevôit ces eaux dans le Canal Royal pendant qu'elles font bourbeuses , il s'y formeroit des atterissemens nuisibles à la Navigation; que si au contraire on ne permettoit pas l'entrée de ces
eaux dans le Canal, on ne remplaceroit pas celles que le Canal de
Narbonne en auroit tirées, & que la Navigation en souffriroit. Il objettoit encore que la rivière d'Aude dans ses crues combleroit la rigole, qui ne conduiroit plus d'eau au Canal Royal. Et par raport à
la prise d'eau au dessous du Pont de Trebès, il ajoûtoit qu'il étoit
extrêmement difficile, quoique possible à force de dépense, d'établir
solidement au-dessous de ce Pont l'embouchure de la rigole de dérivation; que dans l'espace où doit passer cette rigole, il se trouvoit
une ravine assez considerable appellée le Rech de S. Felix, qui
passoit par un aqueduc sous le Canal, & qui recevoit pendant les
orages une fort grande quantité d'eau; qu'on ne pouvoit le recevoir
ni le détourner sans porter au Canal & même au Pays un dommage nottable; que la digue qu'on ne pourroit pas se dispenser de faire au-dessous
du Pont feroit regonfler la rivière d'Aude jusqu'au delà de l'embouchure de celle d'Orbiel qui n'étoit éloignée du Pont que d'environ
100 toises; que les eaux de cette dernière Rivière arrêtées par le regonflement de celle d'Aude, regonfleroient elles-mêmes au-delà de
l'aqueduc sur lequel passe le Canal qui n'est éloigné de la rivière
d'Aude que de 200 toises; que dans les inondations, les eaux de la
rivière d'Orbiel ne pouvant s'échapper avec assez de facilité par-dessous ledit aqueduc, entreroient par le dessus dans le Canal; qu'il étoit
arrivé lors des grandes inondations, que ces eaux avoient monté jusqu'au cordon de l'aqueduc, un pied ou deux au-dessous du couronnement de la banquette; qu'on ne pouvoit contester que le regonflement causé par la nouvelle Chaussée ne remontât fort au-dessus de
l'aqueduc Pont-d'Orbiel, n'y ayant tout au plus que 4 à 5 pieds de
pente de la sortie de cet aqueduc à l'endroit où l'on voudroit placer
la nouvelle Chaussée; que le courant dans le lit de sortie de la rivière d'Orbiel étant diminué, ce lit se combleroit, ce qui joint au
regonflement, feroit entrer les eaux dans le Canal; qu'outre le dommage immense que les inondations apporteroient à la Navigation ,
elles rendroient à la longue l'aqueduc Pont d'Orbiel impraticable.

On pouvoit répondre à M. de Bonrepos, qu'il importoit peu que
la rivière d'Aude fût ou ne fût pas un torrent, pourvû qu'on en
pût tirer en tout tems, & principalement dans les tems de sécheresse,
des eaux pour le Canal Royal.

On pouvoit accorder à M. de Bonrepos, qu'on ne doit pas fonder une Navigation sur un torrent, lorsqu'on fait traverser ce torrent au Canal, parceque le terrein dans ses crues peut combler le Canal & en renverser les terriers; mais on pouvoit lui nier qu'il y eût
aucun danger à tirer par une rigole des eaux d'un torrent, quand
on prend les précautions convenables pour assurer l'entrée de cette
rigole.

Le dilemme de M. de Bonrepos n'étoit pas difficile à réfoudre dans le cas où fe trouve le Canal Royal; car la grande retenue dont le Canal de Narbonne tireroit des eaux, ayant plus de 11 lieues de longueur, eft un Magafin immenfe dans lequel il n'eft pas néceffaire de remplacer des eaux à mefure qu'on en tire : elle peut fournir à la defcente d'un grand nombre de Bateaux dans le Canal de Narbonne, fans baiffer bien fenfiblement; & pour la mettre en état de fuffire aux deux Navigations dans les tems où la Riviere d'Aude feroit trouble, tems qui ne peuvent être que très-courts en été où le Canal Royal pourroit avoir befoin qu'on lui remplaçât des eaux, il ne faudroit que lui donner en abondance des eaux de cette riviere, lorfqu'elle eft claire.

A l'égard du Rech de S. Félix, M. Thierry remarque qu'il n'eft pas bien difficile de furmonter cet obftacle. Comme il connoît le local & qu'il n'en a parlé qu'après l'avoir examiné, nous pouvons nous en rapporter à lui, ne voyant rien dans les Mémoires, qui puiffe nous faire prendre un autre avis.

Le regonflement que M. de Bonrepos craint dans la riviere d'Orbiel par l'établiffement d'une Chauffée, qui releveroit les eaux de cinq pieds au-deffous du Pont de Trebès, nous paroît impoffible à décider, ne connoiffant ni la pente de la riviere d'Orbiel depuis le Canal jufqu'à la riviere d'Aude, ni celle de la riviere d'Aude depuis l'embouchure de l'Orbiel jufqu'à la Chauffée qu'on pourroit établir au-deffous du Pont. Quoi qu'il en foit, il ne paroît pas que cet obftacle foit bien difficile à furmonter, puifque M. Thierry ne décide pas s'il eft plus avantageux de tirer les eaux de la riviere d'Aude au-deffous du moulin de S. Nazaire qu'au-deffous du Pont de Trebès, & que les inconvéniens qu'on a oppofés à la première prife ne font point à craindre.

La vérification de M. Thierry faite à la fin d'Octobre & pendant le mois de Novembre dans un tems pluvieux, n'étant pas fuffifante pour décider fi les eaux de la grande retenue unies à celles de la Riviere d'Argendouble & des cinq fontaines, peuvent fuffire à la Navigation des deux Canaux dans les tems les plus fecs de l'année. M. de Caraman & les Députés de la Ville de Narbonne convinrent en préfence de M. de Beauvau, de M. de la Blotiere, de M. de Guilleminet, & de M. de Clapiés, que ce dernier feroit les opérations néceffaires pour s'en affurer; c'eft ce qui paroît par l'ordre fuivant de cet Archevêque que M. de la Blotiere remit à M. de Clapiés.

Je prie M. de la Blotiere Maréchal de Camp des Armées du Roi, Directeur des fortifications & ouvrages publics de la Province de Languedoc., & M. de Guilleminet Secrétaire & Greffier des Etats, de vouloir affifter aux opérations, que j'ai chargé M. de Clapiés Directeur des travaux publics de la Province de faire pour trouver les moyens poffibles de remplacer dans le Canal Royal les eaux dont on pourra avoir befoin pour fournir à la Navigation du Canal projetté de la Ville de Narbonne, defquelles opérations il a été verbalement convenu entre M. de Caraman

& les *Députés de la Ville de Narbonne en ma préfence & celle de ces trois Meffieurs ci-deffus nommés, qui doivent faire la vérification dont il s'agit, & dont il fera dreffé Procès-verbal par M. de Clapiés; ayant prévenu à ce fujet M. le Maréchal d'Asfeld par une lettre que j'ai eu l'honneur de lui écrire, en me rendant garant de fon approbation fur tout ce qui fera fait en conféquence du préfent Ecrit. A Narbonne le 23 Juillet 1739. Signé l'Archevêque de Narbonne.*

La Copie de cet ordre eft à la tête d'une Copie collationnée & certifiée du Procès-verbal de M. de Clapiés.

Il réfulte de la vérification de M. de Clapiés commencée le 23 Juillet 1739, & achevée avant la mort de M. de Beauvau, qui arriva le 4 Août fuivant, que de toutes les rivieres & ruiffeaux qu'il a vifités, la riviere d'Argendouble eft la feule dont les eaux puiffent remplacer dans le Canal Royal les eaux qu'il fourniroit au Canal de Narbonne; que les eaux de cette riviere font claires, & qu'elle en pourroit fournir en abondance pour la Navigation du Canal de Narbonne; qu'il n'y a que 1200 toifes de diftance; & une très-grande pente de l'endroit où l'on pourroit prendre ces eaux, jufqu'au-deffous de l'Eclufe de Jouarre où elles feroient introduites dans le Canal Royal. En vérifiant le tournant de cette riviere près la Montagne, il remarqua *qu'on y prenoit l'eau pour le moulin de M. de la Redorte par un Canal de cinq à fix pieds de largeur fur deux pieds environ de hauteur dans lequel les eaux couloient & fe rendoient au Canal par une pente confidérable; ce qui lui fit juger que les feules eaux de ce Canal feroient confidérables, & qu'elles pourroient peut-être fournir feules au Projet, qu'on s'étoit propofé; ce qui le détermina à les mefurer. Cette mefure faite & réitérée plufieurs fois par M. de la Blotiere & M. de Guilleminet, ils trouverent que ce Canal rendoit par minute une toife 17 pieds cubes d'eau, ce qui fait foixante toifes cubes & 102 pieds par heure.* Il faut remarquer qu'il y a une faute de calcul dans le Procès-verbal, & qu'au lieu de 60 toifes cubes & 102 pieds par heures, il faut lire 60 toifes cubes & 1020 pieds; ce qui fait 64 toifes cubes & 156 pieds, parce que les Vérificateurs ont trouvé une toife 17 pieds cubes d'eau par minute.

Les Vérificateurs ayant defcendu la riviere, ils *furent furpris de la trouver à fec & fans la moindre goutte d'eau à certaine diftance au-deffus & au-deffous du Village de la Redorte, jufqu'à ce qu'enfin prefqu'à moitié diftance entre le Village & l'aqueduc d'Argendouble, ils virent renaître la Riviere, & qu'elle couloit dans un Canal affez régulier jufqu'aux épanchoirs, qui font au devant de l'aqueduc, par les ouvertures defquels les eaux s'élançoient avec rapidité dans un baffin, pour paffer enfuite fous les arches de l'aqueduc. Ces eaux ayant été mefurées, on trouva qu'il paffoit 40 toifes & 100 pieds cubes par heure;* & M. de Clapiés remarque, que *ces dernieres eaux étant ajoûtées avec celles qu'on a trouvées dans le Canal du moulin, font en total 105 toifes 40 pieds cubes par heure; qui paroiffent à M. de Clapiés excé-*

der de beaucoup les eaux qui feroient néceffaires pour la Navigation du Canal de Narbonne.

M. de Clapiés remarque encore 1° que les eaux de la riviere d'Argendouble *font claires & nettes, même dans le tems des crües, qu'ainfi on ne doit point craindre qu'elles faffent de dépôt dans le Canal Royal, lorfqu'elles y feront introduites,* 2° *qu'en conduifant ces eaux au Canal Royal, on peut facilement y joindre trois fontaines qu'on trouve entre le cabaret de la Redorte & l'Eclufe de Jouarre ;* 3° *qu'entre ces deux termes il y a une plaine fort vafte que le nouveau Canal de dérivation traverfera, qui étant fort aquatique fait efpérer qu'elle fournira de nouvelles eaux au Canal ;* 4° *qu'enfin l'on peut fur cette même plaine conftruire un grand réfervoir fort étendu, qu'on rempliroit en hiver, ou dans les tems que les eaux font les plus abondantes, pour s'en fervir dans le befoin, fuppofé qu'il y ait lieu; mais ce cas ne fçauroit jamais arriver.*

Les Seigneurs du Canal Royal ne voulurent point reconnoître cette vérification faite par ordre de M. de Beauveau, parce que, difoient-ils, M. de Clapiés qui en avoit été chargé, étoit trop dévoué à la Ville de Narbonne, & que M. de la Blotiere, qui y étoit préfent étoit leur ennemi déclaré. En effet perfonne n'ayant été affigné pour cette vérification, il ne feroit pas jufte de s'en fervir contre les Propriétaires du Canal Royal, fi elle n'étoit confirmée par d'autres qui ont été faites, les Parties dùement appellées.

M. de Beauveau étoit fort mal pendant cette vérification. Il mourut le 4 Août; & M. de Crillon, qui lui fuccéda n'ayant rien fait pendant fon Epifcopat pour le Canal de Narbonne, le projet de ce Canal fut encore fufpendu pendant quelque tems.

Le 25 Fevrier 1751, la Ville de Narbonne prit une délibération par laquelle, elle céda à M. le Marquis de Crillon tous les droits qu'elle avoit à raifon du Canal conftruit depuis la riviere d'Aude jufqu'au Grau de la Nouvelle, ainfi que fur la partie à conftruire depuis la riviere d'Aude jufqu'au Sommail, à la charge que cette derniere conftruction feroit faite aux frais de M. de Crillon, & qu'il obtiendroit à cet effet dans un an toutes les Lettres-Patentes néceffaires. Et par une feconde délibération du 21 Novembre de la même année, ce délai fut prorogé pour fix autres.

Cette ceffion a été autorifée par Arrêt du Confeil du 27 Avril 1751, qui commet M. de Saint Prieft Intendant de Languedoc à entendre les Parties dénommées & autres intéreffés, dreffer Procès-verbal tant de leurs Dires & requifitions que de l'état des lieux, & faire faire par les Ingénieurs & Experts qu'il commettra, les plans, Devis & vérifications qu'il jugera néceffaire aux frais de M. le Marquis de Crillon, pour le tout rapporté au Confeil avec fon Avis, être ordonné ce qu'il appartiendra.

En conféquence de cet Arrêt, qui permet à M. de Saint Prieft de fubdéléguer pour l'inftruction, il ordonna le 5 Juillet 1751, que l'Arrêt feroit fignifié aux Propriétaires du Canal Royal & autres Parties

ties intéreffées dénommées en l'Arrêt; ce qui fut exécuté. Cet Arrêt fut encore fignifié au Syndic du Commerce de Touloufe, au Corps des Marchands & Chambre du Commerce de Montpellier & à ceux de Narbonne.

M. de Crillon ayant requis M. l'Intendant de faire une nouvelle vérification, & les Propriétaires du Canal Royal lui ayant préfenté Requête pour s'oppofer de nouveau à l'exécution des Arrêts, & demander un délai de quatre mois, outre celui de trois mois, accordé par l'Arrêt du 27 Avril aux Parties intéreffées pour remettre leurs Titres & Mémoires, & ayant repréfenté que ce délai ne pouvoit point fouffrir de difficulté, attendu que les vérifications ne pouvòient être faites que dans les mois de Juin, Juillet & Août, & dans des tems de féchereffe, qui précèdent la fin d'Août & le mois de Septembre, pendant lefquels le Canal eft mis à fec, l'eau ne lui étant rendue qu'en Octobre, tems auquel les pluies recommencent.

Le délai demandé par les Propriétaires du Canal Royal fut accordé; & M. de Crillon étant refté dans l'inaction jufqu'à la fin de Juin 1752, il demanda de nouveau la vérification. M. l'Intendant de l'Avis de M. de Montferrier, rendit le 19 du mois de Juillet une ordonnance par laquelle ayant prononcé défaut contre les Parties non comparantes, il commit M. Dafté Ingénieur en chef des Villes & Forts de Cette, pour, en préfence de M. de Montferrier & des autres intéreffés préfens ou dûement appellés, procéder le 5 Août & jours fuivans à la vérification du Canal de communication de la Ville de Narbonne à celui des deux Mers, à l'effet de conftater précifément fi les eaux du Canal Royal peuvent fuffire à celui de Jonction, fans que la Navigation du premier puiffe en fouffrir aucun dommage ni interruption, & fi en cas d'infuffifance des eaux dudit Canal Royal, celles qu'on y prendroit pour celui de Jonction peuvent y être remplacées avec abondance par quelque moyen & fans inconvénient, tant pour la Navigation du Canal Royal qu'autres parties intéreffées; entendre lefdites Parties, dreffer Procès-verbal de leurs Dires & Requifitions, & donner fon Avis fur le tout.

M. de Monferrier ayant reçu des ordres pour fe rendre à Paris fans différer; M l'Intendant lui fubrogea M. de la Fage, autre Syndic général de la Province, pour affifter à la Procédure qu'alloit faire M. Dafté.

Cette Ordonnance fut fignifiée aux Propriétaires du Canal Royal, aux Villes & Négociants de Narbonne, Carcaffonne, Montpellier & Touloufe, aux Maires & Confuls d'Agde, Beziers, Cette, Villefranche de Lauragais, Caftelnaudari, Lunel, Nifmes & Ufés par ex-

g

ploits des 19, 21, 22, 23, 24, 25 & 26 Juillet, & 5 Août 1752; ensuite de quoi M. Dafté s'étant rendu fur les lieux le 5 Août, procéda les jours fuivants au fait de fa commiffion en préfence du fieur
l'Héritier porteur de la procuration de M. de Crillon, lequel comparut enfuite en perfonne, de M. de la Fage, de deux Députés de
la Ville de Narbonne, & d'un troifieme pour le Corps des Marchands
de la même Ville.

M. Dafté reconnut, comme avoit fait M. de Clapiés en 1739,
que le lit de la riviere d'Argendouble étoit à fec dans une affez
grande étendue entre l'aqueduc par lequel elle paffe fous le Canal &
un endroit où elle eft barrée, pour dériver une partie de fes eaux
dans un Canal à l'ufage d'un moulin de M. de la Redorte, & que
cette riviere eft encorre barrée plus haut par des clayonnages, qui
foulevent fes eaux qu'on détourne par différens rameaux à l'ufage de
divers particuliers riverains.

Il fuit des opérations de M. Dafté que la partie des eaux de
la riviere, qui fort de terre & qui paffe fous l'aqueduc Pont du Canal eft de 66 toifes 25 pieds cubes par heure; que la partie qui eft
détournée dans le Canal à l'ufage d'un moulin eft de 42 toifes 36
pieds cubes par heure, & que ces deux parties de la riviere donneroient enfemble par heure un volume d'eau de 108 toifes & 61 pieds
cubes, ou près de 2599 toifes cubes en vingt-quatre heures.

La quantité d'eau que M. Dafté a trouvée dans la riviere d'Argendouble, fans y comprendre celle qui eft détournée dans plufieurs parties
de fon cours pour l'ufage de plufieurs particuliers riverains, ne furpaffe que de 3 toifes 21 pieds cubes, celle que M. de Clapiés y avoit
trouvée au mois de Juillet 1739. Celui-ci avoit trouvé qu'il paffoit
plus d'eau fous l'aqueduc pont du Canal, & qu'on en détournoit moins
pour le moulin, parce que apparemment la barre de clayonnage étoit
mieux faite en 1739 qu'en 1752.

M. Dafté n'a point mefuré ce que divers particuliers tirent de la
riviere pour leur ufage; mais il affure *que fi cette riviere n'étoit pas
détournée en plufieurs parties de fon cours, elle fourniroit une bien plus
grande quantité d'eau, qu'il n'en parvient aux endroits où elle a été mefurée.*

Nous ne parlerons point ici de l'Etang de Marfeillette dont les
eaux, qui paffent pour être bourbeufes, n'ont pas été jugées propres
au Canal Royal, ni du ruiffeau de Riverfal dont le volume des eaux
n'a pas été mefuré, & qui d'ailleurs ne donne point d'eau dans les
tems plus fecs, comme on le verra dans le rapport de M. Danify.
Nous ne parlerons pas non plus de celle de la riviere d'Oignon, parce que M. Dafté convient qu'il ne voit pas qu'on puiffe faire fonds

sur les eaux de cette riviere pendant les grandes sécheresses.

M. Thierry ayant fait le nivellement des eaux de la riviere d'Argendouble & ayant trouvé qu'on peut les conduire dans le Canal Royal au-dessus de l'Ecluse de Jouarre, avec une pente de deux pieds 9 pouces, une ligne ; M. Dasté n'a pas jugé à propos de le recommencer.

M. Dasté fit après toutes ces opérations à la requisition de M. de Crillon, des informations pour *sçavoir si la quantité d'eau qui se trouvoit dans la riviere d'Argendouble, n'étoit pas l'effet d'une continuité de pluies, qui pourroient être tombées.*

Il résulte de la déclaration des premier & troisième Consuls d'Azille accompagnés de trois autres Habitans dudit lieu, *que depuis le mois de Mars les pluies ont été rares & de si peu de conséquence qu'elles n'ont pas été capables de fournir aux sources la plus petite augmentation.*

Le sieur Guillaume Audier Procureur fiscal de Caunes... déclara que la riviere d'Argendouble prend sa source environ une lieue au-dessus de Caunes ; que depuis long-tems il n'avoit vû une pareille sécheresse à celle de cette année ; que les pluies, qui étoient tombées vers le mois de Mars, n'avoient pas été capables de faire grossir la riviere d'Argendouble, & que pendant les mois suivans d'Avril, Mai, Juin, Juillet, il n'étoit tombé que quelques petites pluies hors d'état de grossir les eaux des rivieres.

Ensuite M. Dasté se transporta à la chaussée de la Roupille pour constater à la requisition de M. de Crillon la quantité d'eau que la riviere de Cesse fournit au Canal Royal, & celle qui est perdue par les filtrations de la chaussée. En arrivant il apprit que depuis quatre jours on ouvroit les vannes de décharge de la rigole pendant la nuit, & qu'on les fermoit, & étanchoit avec du fumier pendant le jour ; MM. les Propriétaires du Canal assûrent qu'on ne faisoit ces manœuvres que pour empêcher un batardeau construit dans la grande retenue d'être renversé, & pour faire voir le matin à M. Dasté combien peu de tems il falloit pour remplir la rigole.

M. Dasté ayant pris les mesures dont il étoit requis, trouva que le volume des eaux, qui passoit par la rigole pour la grande retenue étoit de 9108 toises cubes en vingt-quatre heures, & que le volume de celles qui s'échappoient par la chaussée de la Roupille & par les épanchoirs de la rigole de Mirepeisset, étoit de deux mille trois cens quarante-six toises & demie en vingt-quatre heures.

Enfin à la requisition du sieur Espinasse Député de la Ville d'Agde, M. Dasté fit les informations par lui demandées, & ayant interpellé le sieur Jean Cassau Consul de Mirepeisset, & six autres personnes des plus notables du lieu, & leur ayant demandé si pendant le tems de sécheresse, il est arrivé quelquefois que les eaux de la grande retenue fussent bas-

fés au point que la Navigation ne se fît pas commodément & que l'on fût obligé de faire passer les barques par convoi, pour ménager la dépense desdites eaux ; ils répondirent unanimement, que lorsque les barques étoient une fois arrivées dans la grande retenue, elles n'y manquoient jamais d'eau, & la Navigation s'y faisoit librement, excepté quand il se trouvoit quelque dépôt, qui n'avoit pas été enlevé lors du recurement du Canal, ou que les dépôts formés par les pluies n'avoient pas été enlevés tout de suite, ajoûtant qu'ils n'avoient pas vû de plus grande sécheresse que celle de cette année.

M. Dasté ayant constaté à la requisition du sieur Député d'Agde, que les eaux étoient de 13 pouces & demi plus basses dans la rigole qu'elles ne sont ordinairement, ne crut pas devoir conclure de cette observation, que les eaux sont basses en été dans la grande retenue, parce que les eaux de cette rigole se sont en partie vuidées, & abaissées par les épanchoirs de la rigole, qui avoient été ouvertes pendant la nuit ; & il est demeuré persuadé du contraire, par toutes les déclarations, qu'il a prises sur les lieux.

Pendant le cours de sa vérification, M. Dasté visita la fontaine de Massignan & une autre tout auprès, qui lui parurent considérables, & qu'il jugea pouvoir être conduites dans la troisieme retenue du Canal projetté ; mais il ne les a pas mesurées.

De toutes ces différentes opérations, observations, & informations faites sur les lieux, M. Dasté ne pouvoit pas s'empêcher de conclure, comme il a fait, qu'il se trouve en tout tems dans la grande retenue des eaux superflues, quand on les ménage bien ; & quoiqu'il ne puisse point en fixer la quantité, il pouvoit dire avec assurance, que si la chaussée de la Roupille, qui laissoit échapper plus d'un cinquieme des eaux de la riviere de Cesse, étoit en bon état, il y auroit dans la grande retenue plus d'eau superflue qu'il n'en faudroit pour le Canal de Narbonne ; & que si l'on joignoit à ces eaux celles de la riviere d'Argendouble, & des fontaines voisines, on ne courroit jamais risque d'en manquer dans les deux Canaux.

En conséquence de ce que dessus, M. Dasté, sans s'arrêter à l'examen du terrein dans lequel le nouveau Canal sera excavé, lequel a été fait par M. Thierry à qui il s'en rapporte, & étant persuadé que les filtrations dans ce terrein, ne seront ni considérables, ni de longue durée, estime que le Canal de communication de la Robine de Narbonne à celui des deux Mers depuis le Sommail jusqu'à la riviere d'Aude peut être fait sans que la Navigation du Canal Royal puisse en souffrir aucun dommage ni interruption ; à la charge par M. de Crillon de conduire au Canal Royal, au-dessous de l'Ecluse de Jouarre les eaux de la riviere d'Argendouble, celles du ruisseau de Riversal sur lesquelles il n'avoit pas compté, celles des fontaines & sources, qui

se

se trouvent dans la plaine des Fans, par une rigole profondément excavée, dont le cours soit éloigné de 50 toises dudit Canal, & de faire à cet effet tous les ouvrages convenables, pour ne porter dans ce Canal que les eaux qui lui seront nécessaires, & faire passer ailleurs les eaux de la rigole qui pourroient lui nuire, si elles y venoient en trop grande abondance.

M. de Bonrepos ayant paru souhaiter, que M. de Saint Priest fît faire une vérification d'office, & M. l'Intendant étant autorisé à le faire par l'Arrêt du Conseil du 27 Avril 1751, envoya secrettement sur les lieux M. Danify avec une instruction pour vérifier les faits contestés par lesdites Parties. Il y fut principalement déterminé par les faits résultans d'un Procès-verbal fait à la requête des Consuls de Narbonne, par le sieur Beze, le 25 du mois d'Octobre 1752, sans avoir appellé les Parties. Il résultoit de ce Procès-verbal que cinquante barques chargées de Marchandises pour la foire de Bordeaux étoient retenues au bas des Ecluses de Fonceranne, attendant leur tour pour monter, comme avoient fait 14 barques, qu'il avoit trouvé arrêtées au-dessus des Ecluses dans le Canal où l'eau manquoit; que s'étant informé de la cause de l'empêchement, on lui avoit répondu qu'un grand nombre de barques ayant été arrêtées au passage de la riviere d'Orb à cause de son ensablement, on fit une digue au travers de cette riviere, & que pendant la nuit du 16 Octobre on lâcha par les Ecluses de Fonceranne l'eau de la grande retenue dans le lit de cette riviere dont le rehaussement des eaux facilita le passage des barques jusque dans le Port du Canal au-dessus des Ecluses, que l'on a continué d'ouvrir ainsi pendant quelques nuits, ce qui a diminué les eaux de la grande retenue, sur-tout jusqu'aux environs de Poilhes; que cependant toutes les rigoles, & principalement celle de Mirepeisset fournissoient abondamment dans la grande retenue; mais qu'il se perdoit une très-grande quantité d'eau dans différens endroits.

Le rapport de M. Danify, signé le 13 Janvier, affirmé par lui véritable le 20 Janvier 1753, contient l'état du bassin de S. Ferriol, vérifié les 20 & 21 Novembre 1752, dont il n'est pas nécessaire de parler dans cet Avis; celui des rivieres d'Orbiel, d'Oignon & de Fresquel, de Cesse & d'Argendouble, & celui des pertes du Canal.

Les rivieres d'Orbiel, d'Oignon & de Fresquel étant reçues dans le Canal Royal, & n'ayant jamais été proposées, pour remplacer les eaux que l'on prendroit dans ce Canal pour celui de Narbonne, il est inutile d'en parler dans cet Avis.

A l'égard de la riviere de Cesse dont les eaux sont conduites dans le Canal Royal par la rigole de Mirepeisset, ce qu'en dit M. Danify ne peut rien faire conclure pour le Canal de Narbonne.

h

Lorſque M. Daniſy a vérifié l'état de la riviere d'Argendouble, ſon lit étoit à ſec à l'aqueduc du Canal ; cependant il *a appris du ſieur Roger, Notaire d'Olouzac, qui a le premier moulin ſur cette riviere du côté de Caunes, que ſon moulin pouvoit travailler dans tous les tems, malgré la ſéchereſſe, parce qu'il profite des eaux d'une fontaine intercalaire qui donne abondamment de l'eau & régulierement de 12 en 12 heures, & qu'avec cette eau il fait moudre ordinairement 10 ſeptiers par jour ; que ſon moulin n'a qu'une meule, & que les eaux de la fontaine pourroient en faire aller deux, & qu'il profite de ce qu'il y a de ſurabondant pour arroſer ſes prés. Il ſemble,* dit M. Daniſy, *que les eaux de ce moulin pourroient parvenir juſqu'à l'aqueduc ; mais cela n'arrive point, parce qu'au rapport du ſieur Roger ſon moulin détourne toujours les eaux de cette fontaine pour arroſer des prés, & qu'il aimeroit mieux la laiſſer perdre entierement, que de la laiſſer aller aux autres moulins, qui pourroient en profiter dans la vûe de ſe procurer plus de pratiques.*

M. Daniſy ajoute : *Il y a environ dix moulins au-deſſus de celui-ci, qui ont chommé très-ſouvent ; & lorſque les meûniers ont de l'eau en abondance, ils ont tous grand ſoin d'arroſer les prés, & même de la détourner, afin que les moulins inférieurs n'en profitent pas.*

De la quantité de ſeptiers de bled, que le moulin du ſieur Roger a moulu en vingt-quatre heures, malgré la ſéchereſſe, le ſieur Daniſy conclut que la fontaine intercalaire donne un volume d'eau de 3333 toiſes cubes en vingt-quatre heures, & que ſi ce moulin a le double de l'eau qu'il lui faut, comme l'aſſure le ſieur Roger, cette fontaine fournira 6666 toiſes cubes d'eau en vingt-quatre heures.

Enfin M. Daniſy conclut que, ſi l'on vouloit conduire ces eaux au Canal Royal, on tomberoit dans l'inconvénient de priver les riverains de la faculté qu'ils ont de profiter de ces eaux, pour arroſer leurs prés.

Ce que M. Daniſy dit ſur les tranſpirations ou pertes du Canal, & ſur le volume des eaux de la grande retenue dans toute ſa longueur de plus de onze lieues, eſt peu important pour décider la queſtion que nous examinons.

Ce qu'il dit ſur la maniere dont la Navigation s'eſt faite dans les derniers tems de ſéchereſſe, peut fournir plus de lumieres.

Il confirme ce que le ſieur Beſſé a rapporté dans ſon Procès-verbal du 25 Octobre. *Il a été informé que la Navigation auroit été interrompue dans les derniers tems de ſéchereſſe, à cauſe de l'enſablement de la riviere d'Orbe auprès de Béziers. On fit,* dit-il, *pour la déſenſabler un épi au travers de cette riviere.... Et ayant lâché toutes les eaux de la grande retenue, on a tâché par ce moyen d'entraîner tous les ſables ramaſſés à l'embouchure du Canal, & l'on travailloit encore avec des harpes à tirer du limon, tant du Canal que de la riviere lorſque j'ai paſſé*

à *Béziers; il a fallu, pour rendre de nouveau le Canal navigable, rem-*
plir de nouveau cette retenue, ce qui n'a pas fans doute peu contribué au
grand abaiffement du baffin de S. Ferriol; c'eft ce qui a fait en même
tems, que dans tous les endroits où j'ai paffé j'ai trouvé le Canal auffi
plein qu'il doit l'être.

Ce que M. Danify a dit fur les rivieres de Frefquel, Orbiel &
Ceffe, qui ont fourni enfemble environ vingt-cinq mille toifes cubes
d'eau toutes les vingt-quatre heures, ne lui fert que pour en conclure
que ces rivieres ont pour le moins autant contribué à l'entretien de
la Navigation dans ces tems de féchereffe, que les eaux du baffin de
S. Ferriol.

MM. les Propriétaires du Canal Royal objectent, contre toutes ces
vérifications;

Que la premiere, faite par M. de Clapiés en 1724, fur la prife
d'eau qu'on pourroit faire dans la riviere d'Aude à Carcaffonne ou
au-deffous du moulin de S. Nazaire ou enfin au-deffous du Pont de
Trebès, n'eft pas recevable, n'ayant été faite qu'en vertu d'un fimple ordre de M. l'Archevêque & de MM. les Confuls de Narbonne.

Que la deuxieme, faite par M. Thierry en 1738 dans un tems
pluvieux, ne fçauroit fervir à conftater fi le Canal Royal a des
eaux fuperflues dont on puiffe profiter pour une nouvelle Navigation
dans le Canal projetté; ils ajoûtent que M. Thierry doute de tout;
que c'eft à fes opérations & au compte qu'il rend de ce qu'il a vû, & non
à fa conclufion ou à fon Avis particulier, qu'il faut s'en rapporter.

Que la troifieme, faite par M. de Clapiés, au mois d'Août 1739,
eft informe dans tous les points, puifque les Parties n'y furent point appellées & ne s'y trouverent point; que M. de Clapiés, qui faifoit cette
vérification requeroit l'année précédente pour la Ville de Narbonne
dans la vérification de M. Thierry.

Que la quatrieme, de M. Dafté au mois d'Août 1752, a été faite
avec trop de précipitation; qu'il étoit trop prévenu en faveur de la
Jonction propofée.

Que la cinquieme, faite par M. Danify, & fon rapport devoit fe
terminer, après avoir vu & dit que fous l'aqueduc du Canal les eaux
de la riviere d'Argendouble font à fec, & l'ont toujours été dans les
derniers tems de féchereffe; que dès ce moment le Canal de Narbonne ne peut avoir lieu; qu'il faut des eaux continues pour une Navigation continue; que le refte de cette vérification ne contient que
des informations étrangeres fur lefquelles M. Danify a confulté des gens,
qui ne connoiffent point le Canal, & qui lui ont débité des abfurdités.

Que l'on peut conclure de toutes ces vérifications que la plûpart font
irrégulieres; que d'autres font remplies de doutes, que d'autres enfin ont

été faites légérement, & qu'en total toutes ne prouvent rien, puifqu'elles n'ont pour objet que de mefurer l'état actuel des eaux, au lieu de faire une enquête exacte, fignée d'un grand nombre de perfonnes, qui ne fe foient point communiqué leur Avis fur l'état d'Argendouble pendant l'été, fur celui du Grau de la Nouvelle, fur l'étendue des inondations de l'Aude, pour s'affurer fi le Canal une fois fait pourroit fubfifter une année; enfin que l'on a opéré fur ce qui étoit inutile, & que l'on a oublié tout ce qui étoit effentiel pour l'éclairciffement de l'affaire.

CONCLUSION.

La vérification de M. de Thierry étant réguliere, & M. de Bonrepos Propriétaire du Canal préfent à cette vérification, étant convenu qu'on pouvoit facilement attacher une chauffée à la rive de la riviere d'Aude du côté du Canal Royal, pour affurer la prife des eaux que l'on pourroit dériver & conduire dans ce Canal, afin d'y remplacer celles que le Canal de Narbonne dépenferoit; cette chauffée devant être très-baffe, puifque les eaux dans l'état ordinaire de la riviere peuvent être conduites au Canal par une rigole de 1200 toifes avec une pente de huit pieds qui eft plus que fuffifante; enfin perfonne ne conteftant que la riviere d'Aude peut fournir en tout tems des eaux en abondance; il eft démontré que, par le moyen de cette riviere on peut remplacer abondamment dans le Canal Royal toutes les eaux qu'on y prendroit pour le nouveau Canal.

L'objection que la riviere d'Aude eft un torrent furieux qui renverfe tout dans fes inondations, n'en doit point impofer. La chauffée de Carcaffonne appellée Penfieron, attachée à la montagne du Tinda, & conftruite dans cette riviere, prouve qu'on en peut faire une feconde: d'ailleurs une chauffée fort baffe n'eft pas difficile à établir folidement.

La grande pente de la riviere d'Aude nous affure que la chauffée qu'on y conftruira, ne caufera aucun regonflement fenfible dans fes crües.

La crainte que l'on a que la riviere d'Aude ne faffe des irruptions dans le Canal Royal, par la rigole qu'on feroit, eft fans fondement. Les terres entre cette riviere & le Canal étant très-hautes, & la rigole devant par conféquent être profondément excavée, on y peut conftruire des martellieres folides. Si l'on craint qu'une martelliere ne foit emportée, on en peut conftruire plufieurs dans la rigole, & les multiplier proportionellement à la peur qu'on aura; les eaux contenues entre ces martellieres, les foutiendront.

On ne peut pas convenir que, pour une Navigation continuelle
dans

dans le Canal de Narbonne, il faille un remplacement continuel d'eau dans le Canal Royal, puisque de l'aveu de MM. les Propriétaires de ce dernier Canal, il a, pendant les trois quarts de l'année, des eaux superflues, & que ces eaux sont plus que suffisantes pour la Navigation de celui de Narbonne. Quand même le Canal Royal n'auroit jamais d'eaux superflues, la proposition ne seroit pas exactement vraie, puisque la grande retenue qui contient des eaux immenses, peut en prêter, sans baisser sensiblement, pendant le tems que peut durer une inondation, & qu'il est facile de les lui rendre ensuite en peu de tems.

MM. les Propriétaires du Canal Royal, assurant que la grande retenue n'est quelquefois nourrie que par les eaux du réservoir de S. Ferriol; on en doit conclure qu'il n'y a point de difficulté d'en tirer de la rivière d'Aude pour la même retenue, & qu'il n'est par conséquent pas nécessaire que les eaux rendues au Canal Royal, soient voisines de celles que l'on y prendra pour le Canal de Narbonne. On doit encore conclure, que la navigation du Canal Royal gagnera à cet échange, puisque les eaux qu'on lui rendra, étant prises beaucoup plus haut que celles qu'il donnera, fourniront à la dépense d'un grand nombre de retenues supérieures à la grande, & soulageront d'autant le réservoir de S. Ferriol dans les grandes sécheresses.

On convient, que M. Thierry n'est pas décidé sur le choix des moyens qu'il propose; mais on n'accorde pas qu'il doute de leur bonté. En proposant de commencer par construire le Canal de Narbonne, dans l'espérance que les eaux de la grande retenue pourront suffire aux deux navigations, il ne propose que ce que tout homme sage & bon économe conseilleroit, & ce que MM. les Propriétaires du Canal Royal feroient sûrement, s'ils avoient à construire le Canal de Narbonne : ainsi il n'y a point de reproche à lui faire à ce sujet; il ne mérite que des louanges. M. de Niquet, qui avoit un intérêt dans le Canal Royal, qu'il connoissoit parfaitement, & qui a fait le projet du Canal de Narbonne, comptoit bien plus absolument que M. Thierry, que le Canal Royal avoit des eaux surabondantes qui pourroient servir à la navigation de celui de Narbonne : on ne voit pas, quoi qu'en disent MM. les Propriétaires du Canal Royal, qu'il ait jamais changé de sentiment.

Le conseil que M. Thierry donne d'introduire dans le Canal Royal les eaux de la rivière d'Argendouble, si le Canal Royal n'en a pas assez pour les deux navigations, ne doit point être regardé comme un tâtonnement : en donnant ce conseil, il avoit en vue de rendre au Canal Royal les eaux que les Propriétaires en avoient rejettées. Les vérifications de MM. de Clapiés, Daste & Danisy prouvent

i

qu'on en peut recevoir de cette riviere, & d'une fontaine intercalaire qui devroit s'y rendre, une quantité confidérable à-peu-près
fuffifante pour le Canal de Narbonne ; mais on ne s'arrête pas à ce
moyen qui ne fourniroit pas des eaux fi abondantes ni fi utiles pour
la navigation du Canal que la riviere d'Aude.

Conclufion de l'Avis.   Ainfi, fans nous arrêter aux moyens de droit que les Propriétaires du Canal Royal ont pour s'oppofer à l'achevement de celui de
Narbonne dont l'examen n'eft pas de notre compétence ; aux oppofitions de quelques Villes, qui font balancées par le confentement
d'un plus grand nombre d'autres ; fans examiner les raifons que les
Etats ont données dans leur Avis pour s'oppofer au projet ; & con-
fidérant d'ailleurs que le principal motif des oppofitions, même de
celle des Etats, eft la crainte que le Canal de Narbonne n'ôte au
Canal Royal des eaux néceffaires à fa navigation : Nous fommes d'a-
vis que le Canal de Narbonne, fi aucune raifon de politique ne s'y
oppofe, peut être achevé & continué jufqu'au Canal Royal ; puifque les eaux qu'il retirera de la grande retenue y pourront être
abondamment remplacées par une partie de celles de la riviere d'Aude,
& que bien loin qu'il en réfulte aucun inconvénient préjudiciable à
la navigation du Canal Royal, la navigation de ce Canal y gagnera.

Signé CAMUS

AVIS

DES DÉPUTÉS

DU

COMMERCE.

AVIS

DES DÉPUTÉS

DU

COMMERCE

AVIS

DES

DEPUTÉS DU COMMERCE,

Sur le Projet de Jonction de la Robine de
Narbonne au Canal de Communication
des deux Mers.

Du 17 Avril 1756.

LORSQUE M. le Chevalier de Clerville fit en 1666 le Devis du Canal de communication des deux Mers, on se pro-
posoit de conduire ce Canal à Narbonne par la Riviere d'Aude ,
& de Narbonne à l'Etang de Vendres.

On pensa bientôt après que la navigation du Canal depuis Narbonne jusques à l'Etang de Vendres, par les plaines de Coursan &
de Salles, ne seroit pas très-assurée ; cette consideration engagea à
préferer de porter le Canal audit Etang par les plaines de Salelles
& de Cuxac, sans le faire passer par Narbonne ; & ce fut sur ce
principe que fut dressé le second Devis de M. le Chevalier de Clerville de 1668, dont l'article 20 reserve aux Habitans de Narbonne
& à ceux du Diocèse, la faculté de faire une Ecluse dans la Riviere
de Cesse, pour communiquer avec le Canal Royal.

Cette seconde route fut encore changée dans l'execution ; on aban-
donna tout-à-fait le projet de faire passer le Canal dans l'Etang de
Vendres pour remonter de-là à Beziers , & on préfera la route qu'il
suit actuellement, depuis le Moulin de Roubia jusques à cette Ville ,
comme beaucoup plus sûre que celle portée par le Devis, & d'ailleurs plus courte, & par conséquent plus avantageuse pour la Navigation.

Cette nouvelle route éloignoit un peu plus le Canal de la ville de
Narbonne, qui, d'ailleurs ne pouvoit plus user de la faculté qui lui
avoit été reservée par l'article 20 du Devis de 1668 ; & ce fut sans
doute pour y suppléer, que peu de tems après l'entiere construction
& la réception des ouvrages du Canal Royal, il intervint un Arrêt
du Conseil, en datte du 2 Juillet 1686, qui ordonna, conformément
à l'avis de M. Daguesseau, lors Intendant en Languedoc, qu'il seroit
construit un Canal pour joindre le grand Canal de communication
des Mers à la Robine de Narbonne, suivant le Devis qui en seroit
fait , & qui assigna les fonds qui devoient être employés à cette construction. M. de Seignelai chargea M. de Niquet de faire le Devis &

A

l'eftimation de la dépenfe : le Devis fut dreffé, revu & corrigé par M. de Niquet le 2 Février 1688 ; & on voit par ce Devis que l'entrée du Canal de Jonction dans le Canal Royal devoit être placée à l'endroit du Sommail ; & que depuis ce point jufqu'à la Riviere d'Aude, il falloit creufer un Canal avec cinq Eclufes ; qu'il falloit faire deux autres Eclufes fur la Robine, & une dans la Ville de Narbonne, creufer & redreffer la Robine, & creufer pareillement le Canal de la Ville, de forte qu'il eût par-tout fix pieds d'eau.

Il paroît qu'on crut devoir s'occuper d'abord de tous les Ouvrages à faire depuis la Riviere d'Aude jufqu'à la Mer dans toute l'étendue de la Robine ; l'adjudication de ces Ouvrages fut faite au rabais par differens Beaux paffés par M. de Bafville ; & ils furent en état de reception à la fin de 1690.

La partie depuis le Canal Royal jufqu'à la Riviere d'Aude, ne fut point alors fuivie ; on ne trouve pas quels furent les motifs de cette fufpenfion : on voit feulement qu'en 1709 la Ville de Narbonne fit quelques démarches pour l'exécuter ; mais que ces démarches n'eurent pas de fuites. Qu'en 1724 M. de Clapiés fit une verification fur la poffibilité d'introduire les eaux de la Riviere d'Aude dans le Canal ; & comme il fut chargé de cette verification par M. l'Archevêque, & les Confuls de Narbonne, & qu'il la fit en préfence d'un Deputé de la Ville, il y a lieu de croire qu'elle avoit pour objet principal la conftruction du Canal de Jonction. Qu'enfin, depuis 1736 jufques en 1739, cette Ville a fortement pourfuivi l'exécution de fon Projet.

Il n'en avoit plus été queftion depuis jufqu'au mois de Février 1751 que la Ville de Narbonne a fait ceffion, fous le bon Plaifir du Roi, à M. le Marquis de Crillon, par Déliberation du 25 dudit mois, » des Droits qu'elle a fur le Canal & Robine depuis la Riviere d'Aude » jufqu'au Port de La Nouvelle, avec tous les Ouvrages qui en dé- » pendent, ainfi que des droits qu'elle a fur le Canal qui refte à conf- » truire depuis la Riviere d'Aude jufqu'au Canal de communication » des Mers ; & ce, aux mêmes droits, avantages, charges, & con- » ditions dont ladite Ville en jouit, » foit que ces avantages & charges regardent le Public ou des Particuliers, le fubrogeant à l'utilité de l'Arrêt du Confeil du 2 Juillet 1686, & autres.

Les conditions de cette ceffion, font ; 1° Que M. le Marquis de Crillon obtiendra dans un an tous les Arrêts & Lettres-Patentes néceffaires pour la Jonction projettée, dont il remettra des Extraits en forme à la Communauté. 2° Qu'immédiatement après l'obtention defdites Lettres-Patentes, il fera fa foumiffion envers la Ville pour affurer à perpétuité la navigation du Canal de Jonction à conftruire depuis le Canal Royal jufqu'à la Riviere d'Aude, & de celui qui eft déja conftruit depuis la Riviere d'Aude jufqu'au Port de La Nouvelle. 3° Qu'il fera foumis au payement du prix des Terres qui feront prifes pour ladite Jonction, & tenu d'en indemnifer les Propriétaires

& Seigneurs. 4° Qu'il entretiendra ledit Canal dans toute son étendue, & Ouvrages en dépendans, comme les Quais qui bordent ledit Canal dans la Ville, les Ponts qui font fur icelui, & généralement tous les autres Ouvrages à fes frais & depens, & fera généralement tout ce à quoi la Ville eft obligée à ce fujet, fans qu'elle
foit tenue d'y contribuer en rien, que de la feule ceffion defdits
Droits, & de fon confentement à ladite Jonction. 5° Que dans aucune forte de cas ni d'événement prevus ou à prevoir, il ne pourra
jamais pretendre ni demander à la Communauté, aucune forte d'indemnité ni dedommagement, ni aucuns autres droits & revenus
que ceux qui fe leveront & fe percevront immédiatement fur ledit Canal, fous quelque caufe & pretexte que ce puiffe être. 6° Enfin,
que par l'inexécution de quelqu'une des claufes & conditions ci-
deffus inférées, la Délibération demeurera nulle & comme non-
avenue.

Par une feconde Délibération du 21 Novembre de la même année, la Ville de Narbonne, en confirmant celle dont on vient de
rendre compte, a prorogé pendant fix ans, en faveur de M. de Crillon & des fiens, le delai pour l'obtention des Arrêts & Lettres-Patentes néceffaires pour la Jonction projettée; « enforte (y eft-il dit)
» que la ceffion des droits de la Communauté fur le Canal fait & à
» faire, demeure faite à perpetuité en faveur dudit fieur Marquis
» de Crillon & des fiens, s'ils obtiennent, dans ledit délai de fix
» ans, lefdits Arrêts & Lettres - Patentes, à la charge par eux
» de continuer d'agir pendant ledit délai pour parvenir à ladite Jon-
» ction, & de l'effectuer dès qu'ils en auront obtenu la permiffion
» de Sa Majefté; on y ajoûte auffi aux conditions portées par la
» premiere Delibération, trois autres conditions expreffes : » 1° Que
le fieur Marquis & les fiens ne commenceront à jouir des droits ce-
dés par la Communauté, qu'après que ladite Jonction fera finie &
exécutée en fon entier & dans fa perfection ; 2° Qu'ils ne pourront
céder à autrui, fous quelque caufe ou prétexte que ce foit, les droits
qu'ils tiennent de la Communauté, avant la perfection de la dite Jonction ; 3° Enfin, que dans le cas où, la jonction étant faite, ils voudroient céder & aliéner leur privilege & leurs droits fur ledit Canal ils feront tenus d'en donner la préférence à la Communauté, aux
prix & conditions les plus avantageufes qu'ils en trouveront de laquelle faculté la Communauté pourra ufer, ou ne pas ufer, à fa
volonté.

Anterieurement à cette feconde Délibération de la Ville de Narbonne, M. le Marquis de Crillon avoit préfenté une Requête par laquelle il demandoit l'homologation de la premiere, fa fubrogation,
& celle des fiens à perpetuité, en tous les droits, noms, raifons &
actions appartenans à la Ville & Communauté de Narbonne, & qu'il
plût à Sa Majefté d'ordonner qu'il jouiroit dans toute l'étendue du
Canal, depuis le Sommail, fon debouché dans le Canal Royal, juf-

qu'à la Mer, des mêmes droits dont jouiffent les Proprietaires du Canal Royal; aux offres par lui faites de remplir toutes les conditions portées par la Deliberation de la Ville de Narbonne; il demandoit auffi que l'Arrêt qui interviendroit fur fa Requête, fût exécuté nonobftant toutes oppofitions faites, ou à faire, foit de la part des Proprietaires du Canal Royal, foit de celle des Maires & Confuls des Villes fituées fur les bords, ou environs du Canal Royal, ou de celui de Narbonne, foit de la part des Proprietaires des terres limitrophes defdits Canaux, ou des Seigneurs d'icelles, foit de la part de tous autres prétendans droits, à quelque titre que ce pût être, pour lefquelles oppofitions ne feroit differé, & dont Sa Majefté fe referveroit la connoiffance, & icelle interdiroit à toutes fes Cours & Juges, &c.

Sur cette Requête eft intervenu un Arrêt du Confeil le 27 Avril 1751, qui ordonne « que la dite requête fera communiquée aux
» Maires & Confuls de Narbonne, Beziers, Agde, Cette, Carcaf-
» fonne, Caftelnaudary, aux Capitouls de Touloufe, & aux Pro-
» prietaires du Canal Royal, ainfi qu'à toutes les Parties intereffées,
» lefquels feront tenus dans trois mois, à compter du jour de la figni-
» fication qui leur fera faite du prefent Arrêt, de remettre leurs
» Titres, Piéces, & Memoires au fieur Intendant & Commiffaire
» departi en Languedoc, que Sa Majefté a commis pour les enten-
» dre, & dreffer Procès-verbal, tant de leurs dires & requifitions,
» que de l'état des lieux, & pour faire faire par tels Ingenieurs &
» Experts qu'il commettra à cet effet, aux frais & depens dudit
» fieur de Crillon, les Plans, Devis, & Verifications, & prendre
» d'ailleurs, par ledit fieur Intendant, tous les éclairciffemens nécef-
» faires, pour le tout envoyé au Confeil avec fon avis, être enfuite
» ftatué par Sa Majefté, ainfi qu'il appartiendra : Permet Sa Ma-
» jefté audit fieur Intendant de fubdeleguer telle perfonne qu'il avi-
» fera bon être pour l'execution du prefent Arrêt. »

On fe difpenfera d'entrer dans le detail de toute la procedure qui a été faite en confequence de cet Arrêt; M. l'Intendant en rend un compte exact dans fon avis, ainfi que de ce qui concerne l'hiftorique, tant des vérifications qu'il a fait faire, que de celles antérieurement faites en 1724, 1738, & 1739, & des principaux faits qui en réfultent.

Les Parties qui fe font rendues oppofantes à la conftruction du Canal projetté, font MM. les Propriétaires du Canal des deux Mers, les Villes & Diocèfes de Beziers, & Agde, les Villes de Cette, Marfeillan, & Pezenas, les Diocèfes de Touloufe, & de Lavaur, la Communauté de S. Marcel au Diocèfe de Narbonne, & la Ville de Carcaffonne, celle-ci feulement dans le cas où on prendroit les eaux de la Riviere d'Aude. Les Etats de Languedoc ayant eu la permiffion de fe faire repréfenter les Procedures, Verifications, & Memoires des Parties, ont deliberé le 9 Mars 1754, qu'ils ne peuvent ni ne
doivent

doivent donner aucune espece de consentement au Canal projetté, & ont chargé leurs Deputés à la Cour de faire connoître à Sa Majesté, & à son Conseil, les justes craintes, & les allarmes de la Province sur cet Ouvrage, & de faire toutes les demarches convenables à l'appui de leur Déliberation. M. le Marechal de Belleisle, & M. le Duc de Brancas se sont aussi rendus opposans; le premier, comme Cessionnaire par échange du Péage d'Auvillars; & le second, comme Aliénataire du Domaine du Lauragais.

Parmi les motifs sur lesquels se fondent les divers Opposans dont on vient de parler, les uns sont tirés de leur intérêt particulier, les autres plus importans sont tirés de l'intérêt général.

Ces derniers consistent à dire, 1° que le Canal projetté est inutile, ou du moins ne présente que des avantages très-médiocres. 2° Qu'outre qu'il est impossible en lui-même, on ne pourroit le construire sans causer le plus grand préjudice à la Navigation du Canal Royal, & au Commerce qui se fait par cette voie.

M. de Crillon & la Ville de Narbonne soutiennent les deux propositions contraires; ils observent que les Ingénieurs qui ont fait en différens temps les Vérifications jugées nécessaires pour constater la possibilité, s'accordent à penser que le Canal projetté est très-possible en lui-même, & que sa construction ne peut porter aucun préjudice à la sûreté de la Navigation du Canal des deux Mers; & que d'un autre côté les Villes & Chambres de Commerce consultées, attestent la plûpart son utilité. M. l'Intendant de Languedoc a pensé de même après avoir discuté les raisons alleguées de part & d'autre dans les Mémoires présentés devant lui: ainsi il semble que ces deux questions générales de l'utilité & de la possibilité ne devroient souffrir aucun doute; mais les Opposans critiquent également les Vérifications des Ingénieurs, & les Déliberations des Villes & Chambres de Commerce consultées: ils prétendent que les Vérifications n'ont pas été faites avec impartialité, que la conclusion en est contraire aux faits qui y sont vérifiés, & qu'elles se contredisent; ils les rejettent pour la plûpart, comme n'étant pas contradictoires, & ils disent que la seule faite contradictoirement & avec attention, n'est remplie que d'incertitudes: d'un autre côté, ils opposent aux Déliberations des Villes & Chambres de Commerce favorables à la Jonction projettée, celles de quelques autres Villes & Chambres de Commerce qu'ils prétendent y être contraires, des Avis & Mémoires de Négocians particuliers & des Calculs; ils cherchent enfin à affoiblir l'Avis de M. l'Intendant de Languedoc, dans le cas où il leur seroit défavorable, en prétendant que lors de la redaction de son Avis, M. l'Intendant n'avoit pas eu encore tous leurs moyens de défense: ils ont présenté depuis plusieurs Mémoires; & comme les Etats de Languedoc ont adopté les principaux motifs qui y sont employés, les Députés ont cru convenable d'établir avec quelque détail, ceux qui les déterminent à penser, 1° que les avantages que préfente le Canal projetté, ne peuvent laiffer aucun doute fur fon utilité. 2° Que fa poffibilité eft fuffifamment conftatée.

1° Utilité de la Jonction projettée. L'Arrêt du Confeil du 2 Juillet 1686 qui a ordonné la conftruction du Canal dont il s'agit ici, renferme une premiere preuve de l'utilité de ce Canal. Cet Arrêt fut rendu fur l'Avis de M. Dagueffeau lors Intendant de Languedoc, & d'après les enquêtes qu'il avoit faites, » (conformément à ce qui étoit ordonné par un précédent Arrêt), » tant dans la Ville de Touloufe que dans celle de Caftelnaudarry, de » l'utilité & avantage qu'il y avoit pour Sa Majefté & le Public du nou- » veau Canal : » ce font les propres termes du préambule de l'Arrêt.

Les Oppofans cherchent en vain à éluder cette premiere preuve, en prétendant que les Villes de Touloufe, Caftelnaudarry & Carcaffonne n'avoient aucun intérêt de s'oppofer à la Jonction ; que peu importoit aux Villes du Haut-Languedoc que le Canal eût un débouché au Port de Cette ou au Grau de La Nouvelle ; mais qu'à peine l'Arrêt fut venu à la connoiffance des Villes du Bas-Languedoc & des Propriétaires du Canal Royal, que les uns & les autres fe préparerent à y former leur oppofition. Cette allégation paroît démentie par leur entiere inaction pendant les quatre années fuivantes, pendant lefquelles ils virent procéder, fous leurs yeux, au Devis du Canal, à l'adjudication de partie des Ouvrages & à la conftruction & reception de ces mêmes Ouvrages : tout prouve qu'ils ne penferent pas même à s'y oppofer ; mais quand ils en auroient formé le projet, quand même ils l'auroient effectué, il n'en réfulteroit autre chofe, finon qu'ils auroient été perfuadés, alors comme aujourd'hui, que cet Ouvrage pouvoit préjudicier à leur intérêt particulier ; mais il n'en feroit pas moins vrai de dire que M. Dagueffeau l'avoit reconnu utile pour le Roi & pour le Public, d'après les Enquêtes qu'il avoit faites dans les principales Villes du Haut-Languedoc, à qui il importe fort, (quoi qu'en difent les Oppofans,) que le Canal Royal ait un debouché de plus dans la Méditerranée, par le Grau de la Nouvelle.

On infifte à la vérité fur les défectuofités, la mauvaife fituation, le peu de largeur & de fond, & les dangers de ce Grau ; & les Oppofans rapportent, à l'appui de ce qu'ils avancent à cet égard, divers certificats de Patrons d'Agde, de Cette, de Marfeille, du Martigues, de Cannes, & de quelque autre petit Port de Provence. Mais ces certificats & les affertions des Oppofans, font détruits par le Compte que M. l'Intendant s'eft fait rendre du Grau de La Nouvelle, & qu'il détaille, dans fon Avis par les différentes fondes qui en ont été faites, & notamment par celle faite au mois de Février 1754, par M. Maréchal, & de lui fignée, & enfin par l'expérience journaliere, étant conftaté qu'il entre & fort facilement & fûrement de ce Grau, des Bâtimens de 100 & même 150 tonneaux.

La Jonction projettée en établiffant une communication entre ce

Grau & le Canal Royal, fournit une feconde route au Commerce pour les Marchandifes du Haut-Languedoc & de la Guienne, deftinées pour la Méditerranée; & quand elle ne préfenteroit pas d'autre avantage, il fuffiroit feul pour en faire defirer la prompte exécution. Cet avantage fera fur-tout très-précieux lors des interruptions que caufent à la navigation de la partie baffe du Canal Royal, les divers accidens qui y arrivent, & principalement les enfablemens de la Riviere de Béziers; interruptions quelquefois affez longues, vu les Ouvrages extraordinaires qu'il faut faire pour remédier à ces fortes d'accidens, toujours fâcheux pour le Commerce, dans quelque temps de l'année qu'on les éprouve, & qui lui deviennent très-préjudiciables, lorfqu'elles ont lieu aux approches de la Foire de Bordeaux, & que par le retardement qu'elles occafionnent elles empêchent que les Marchandifes n'arrivent affez à temps pour profiter des franchifes de cet Foire : Cet inconvénient n'a été reffenti que trop fouvent, même dans les derniers temps, malgré les Ouvrages que MM. les Propriétaires du Canal Royal ont fait faire en 1733, à la Riviere d'Orb, & par lefquelles ils foutenoient en 1737 y avoir pourvu pour l'avenir; l'expérience a prouvé que ces Ouvrages étoient infuffifans : le Commerce a continué de fouffrir, il fouffre encore; & comment fe refuferoit-il aujourd'hui à l'efpérance prefque certaine que la Jonction projettée remédiera à la plûpart de ces fortes d'interruptions? M. l'Intendant fait voir dans fon Avis, combien cette efpérance eft fondée, & le peu de folidité des raifonnemens par lefquels les Oppofans voudroient perfuader le contraire.

Outre cet avantage dont l'importance eft évidente, le Canal projetté en préfente quantité d'autres.

1° Les Négocians du Haut-Languedoc, qui expédient des Marchandifes pour Marfeille & les autres Ports de Provence, trouveront quelque économie à prendre cette route, plutôt que celle d'Agde: cette économie ne fera pas telle, à la vérité, que le prétend M. de Crillon, qui, dans fon calcul fuppofe qu'il y aura 7 à 8 lieues de Canal de moins; mais auffi elle fera plus forte que n'en conviennent les Oppofans, qui, dans leurs calculs, ne fuppofent que 3 lieues de Canal de différence entre les deux routes : cette différence fera réellement de 5 lieues; & en les épargnant, on gagnera en même temps une journée, ce qui fouvent eft plus avantageux que l'économie des frais. En vain les Oppofans, pour faire difparoître ce double avantage, prétendent-ils que la route feroit moins sûre, & plus longue; & que l'économie, fur les frais du Canal, feroit compenfée, & au-delà, parcequ'il en coûteroit de plus pour le fret du Grau de La Nouvelle à Marfeille. En vain ont-ils cherché à le juftifier par la comparaifon qu'ils font dans leur grand Mémoire, des frais des deux routes; leur calcul, dont on vient déja de relever une erreur, en contient plufieurs autres, & notamment par rapport au prix du fret; les Polices de chargement, jointes au doffier, prouvent en effet qu'il n'eft pas plus cher du Grau de La Nouvelle à Marseille, & à Toulon, que du Grau d'Agde à ces mêmes Ports; elles prouvent même que, communément il est de dix pour cent moins cher, quoique porté au même prix, attendu que le setier, mesure de Narbonne, est de 10 pour cent plus fort que celui d'Agde. Si le trajet de Mer, par La Nouvelle, n'est pas plus cher que celui par Agde; s'il l'est moins, il en résulte nécessairement contre l'autre prétention des Opposans, qu'il n'est pas plus dangereux, & plus long; & par conséquent, toutes choses étant au moins égales par la route de Mer, il y a lieu de croire que les Negocians préféreront celle du Canal qui aboutira à La Nouvelle, puisque leurs Marchandises y seront rendues plutôt, & à moindres frais.

2° Ce double avantage sera plus sensible à l'égard des Marchandises destinées pour les côtes d'Espagne, & infiniment davantage encore à l'égard de celles destinées pour le Roussillon. Les Opposans, ne pouvant le nier, s'efforcent du moins de prouver qu'on n'en tirera pas grande utilité, vu le peu de commerce possible du Languedoc avec le Roussillon, & les côtes d'Espagne; mais leurs allégations sur cet objet, se trouvent encore détruites par la Deliberation des Marchands-Fabricans de Carcassonne, qui y observent, entr'autres choses, qu'ils auront beaucoup plus de facilité à recevoir, par la nouvelle voie, les laines d'Espagne & de Roussillon, & que le trajet en sera moins dispendieux; par la Deliberation des Negocians de Perpignan, qui observent que le nouveau Canal, en rapprochant de leurs côtes la communication du Canal Royal, facilitera le transport, tant des denrées & marchandises qu'ils sont dans la necessité de tirer des Villes de Languedoc, que de celles que ces mêmes Villes tirent du Roussillon; enfin, par l'Avis de M. l'Intendant de Languedoc, qui observe, d'après les éclaircissemens qu'il avoit demandés à M. l'Intendant du Roussillon, que cette derniere Province, à moins d'une très-abondante recolte, ne suffit pas à sa consommation; qu'elle est dans l'usage de tirer de Marseille les bleds qui lui sont necessaires, & qu'il y auroit un avantage sensible pour le Languedoc, de pouvoir y faire passer les siens. Il observe d'ailleurs que le Roussillon produit des laines qui se consomment dans les Manufactures de Carcassonne & de Limoux, & dont le transport, au moyen de la Jonction projettée, deviendra moins coûteux, & plus aisé; qu'il en sera de même pour celles qu'on tire d'Espagne; qu'enfin, on trouvera le même avantage pour le transport des grains dans ce Royaume. MM. les Propriétaires du Canal Royal ont cherché, à la vérité, à écarter l'économie sur le transport des laines, au moyen d'un certificat de quelques Negocians de Carcassonne, qu'ils ont rapporté, & d'un calcul, par lequel ils pretendent rendre le certificat victorieux en leur faveur. Ce certificat porte que la voiture des laines, par charrette, de Narbonne à Carcassonne, coûte de 10 à 12 s. par quintal, petit poids, ce qui revient de 13 à 14 s. 4 deniers, poids de marc; & que s'il en coû-

toit

toit autant par eau, on préférera, à prix égal, la route de terre.
MM. les Propriétaires, par leur calcul, font monter les frais de la
route des Canaux à 14 f. 8 deniers, & en concluent qu'on ne prendra pas par conséquent cette route. Leur conclusion seroit juste si
le calcul l'étoit; mais ce calcul péche, 1° en ce qu'ils ont augmenté,
d'un quart, les frais depuis Foucault jusqu'au Sommail :

2° en ce qu'ils ont supposé cinq lieues de navigation du Sommail à
Narbonne, tandis qu'il n'y en a que trois :

3° enfin, en ce qu'ils ont porté, en conséquence, le prix du Nolis
plus haut qu'il ne doit être, de même que ce qu'il en coûte pour le chargement. D'ailleurs, quand même la différence des frais, entre la voie
de terre & celle des Canaux, ne seroit pas suffisante pour faire préférer
généralement la derniere pour le transport des laines de Narbonne à
Carcassonne; il est du moins certain qu'elle seroit préférée pour quantité d'autres articles, & sur-tout pour la partie essentielle des grains de
tout le Haut-Languedoc, qui seront destinés pour l'Espagne, dans les
cas assez frequens où ce Royaume en a besoin, & pour le Roussillon
qui se trouve presque toujours dans le cas de ne pouvoir pas suffire à sa
propre consommation; ainsi, il est évident que la Jonction proposée
sera utile pour le commerce du Languedoc avec le Roussillon & les
côtes d'Espagne.

3° L'utilité qui en résultera pour le Commerce intérieur du Languedoc, n'est pas moins évidente. Elle est constatée par les Délibérations des Fabricans de Carcassonne, & des Communautés de Lunel, de Montpellier, d'Uzès, de Villefranche de Lauragais, & de
Nismes. Les Fabricans de Carcassonne pretendent qu'ils tireront à
moins de frais les laines du Diocèse de Narbonne qu'ils employent
dans leur Fabrique. Les Habitans de Lunel sont obligés dans l'état
des choses de faire venir des Grains & des Salicots de Narbonne,
par des Alleges jusqu'à La Nouvelle, où on les charge sur des Bâtimens de Mer qui en font le transport jusqu'à Cette, où il se fait un
second renversement sur des Barques de Canal, ils épargneront à l'a-
venir ces divers renversemens; la même Barque de Canal leur portera de Narbonne chez eux, ce qu'ils sont dans l'obligation de tirer
de cette Ville; l'économie est sensible, & sera également ressentie
par les Habitans de la Ville d'Uzès, qui tirent de Lunel la plûpart
des denrées de Narbonne dont ils ont besoin. La Ville de Montpellier & celle de Nismes seront dans le même cas, & l'objet est essen-
tiel pour elles, vû qu'on y consomme une très-grande quantité de
Grains de Narbonne & des environs, qui leur reviennent plus chers
aujourd'hui par les divers renversemens dont on vient de parler. Enfin Villefranche de Lauragais fait déja un commerce assez considérable avec Narbonne, qu'elle se propose de voir beaucoup augmenter
au moyen du nouveau Canal; c'est sur ces motifs rapportés dans
leurs Délibérations, que ces differentes Villes appuyent leur consen-

C

rement & le defir qu'elles témoignent pour la prompte exécution de
cet ouvrage.

4° L'avantage qu'elles en retireront chacune en particulier, prouve
l'importance de l'utilité qui en refultera pour la Ville & le Diocèfe
de Narbonne. Cette Ville autrefois en poffeffion d'un Commerce
d'entrepôt confidérable pour l'Etranger & les Provinces étrangeres,
s'en trouve privée aujourd'hui faute de communication au Canal
Royal. La Jonction lui rendra une partie de ce Commerce, & en
facilitant d'ailleurs celui qu'elle eft à portée de faire avec le Haut
& le Bas-Languedoc, augmentera la confommation de fes denrées,
& des productions de fon fol, & lui procurera en échange, & à
moindres frais, les marchandifes & denrées de la Province dont elle
pourra avoir befoin.

Tels font en général les principaux avantages que préfente pour
le Commerce la conftruction du Canal de Narbonne, à quoi on
doit ajouter l'utilité que l'Etat en retirera en tems de Guerre, lorfqu'il s'agira de faire paffer des munitions en Catalogne & en Rouffillon ; l'efperance qu'a cette derniere Province, fi la Jonction a lieu,
de voir pouffer dans la fuite la Navigation jufqu'à Perpignan ; &
plufieurs autres objets d'utilité détaillés dans l'Avis de M. l'Intendant
de Languedoc. Ceux dont les Députés viennent de rendre compte,
ne peuvent être conteftés, & ne font balancés par aucun inconvénient réel ; car on ne peut regarder comme tel le feul qui eft pre-
fenté avec quelque apparence de fondement, & qui confifte dans le
préjudice que le nouveau Canal pourra caufer aux Villes de Beziers,
& d'Agde, & peut-être à celle de Cette. Si une partie du Commerce
de paffage & d'entrepôt que ces Villes font aujourd'hui, en eft détournée à l'avenir, comme il y a tout lieu de le croire, c'eft par
ce que ce même Commerce fe fera plus avantageufement par la nouvelle voie; & en ce cas, de quelle confidération peut être l'intérêt
particulier des Villes dont on vient de parler ? Ces Villes au furplus ne feront pas privées de tout commerce, comme elles ont cherché à le faire voir, & on doit écarter les craintes chimériques que
MM. les Propriétaires du Canal Royal, de concert avec elles, ont
cherché à répandre, en prétendant que la Ville de Narbonne deviendroit au moyen de la Jonction, l'entrepôt général de tous les Grains
de la Guienne, & du Haut-Languedoc; que le Bas-Languedoc qui
s'en pourvoit aujourd'hui directement, en les faifant venir jufqu'à
Beziers, feroit alors obligé de les tirer de Narbonne de la feconde
main, & avec beaucoup plus de frais; qu'enfin les Négocians de Narbonne s'étant emparés en entier de ce Commerce par la facilité que
leur donneroit, dans cet objet, leur fituation, feroient les maîtres du
prix, & exerceroient, à cet égard, les monopoles les plus dangereux. Il eft aifé de fentir tout le faux de ces raifonnemens; la Jonction projettée, en ouvrant une voie nouvelle, n'en fermera aucune;

les Commerçans du Bas-Languedoc continueront à faire venir par Beziers les Grains dont ils auront befoin; ceux de Narbonne fe ferviront de fon Canal pour tirer du Haut-Languedoc, & de la Guienne les Grains qu'ils voudront envoyer en Rouffillon, en Efpagne, & en Provence; les uns & les autres profiteront refpeĉtivement des avantages de leur fituation, pour faire les fpéculations qu'ils croiront convenables à leur intérêts; de leur côté, les Négocians de la Guienne, & du Haut-Languedoc, qui voudront faire, pour leur propre compte, l'envoi & l'exportation des Grains fuperflus à leur confommation, auront à choifir entre Beziers, & Narbonne, Agde & La Nouvelle, & préféreront fuivant les circonftances celui de ces divers entrepôts qui leur paroîtra le plus avantageux. Il n'y a point en tout cela de monopole à craindre; la Jonĉtion projettée ne peut au contraire qu'augmenter la concurrence qui eft toujours le préfervatif le plus certain contre les monopoles; cette Jonĉtion ne préfente, comme on l'a dit, aucun autre inconvénient réel; elle doit procurer au commerce quantité d'avantages; ainfi il ne paroît pas qu'il puiffe refter aucun doute fur fon utilité.

Les Députés ont dit, en fecond lieu, qu'ils eftimoient que la poffibilité de la Jonĉtion projettée étoit fuffifamment conftattée; elle l'eft en effet par les Verifications, Rapports, & Avis des Ingénieurs, feuls bons Juges en cette partie, & il ne paroît pas qu'il y ait de fondement dans les différentes obfervations par lefquelles MM. les Propriétaires du Canal Royal, & après eux les Etats de Languedoc foutenant toujours l'impoffibilité du projet, ont cherché à détruire le réfultat des Vérifications, à reculer les Vérificateurs, & à faire voir qu'ils ne s'accordent point enfemble, & qu'ils ont tiré des conféquences oppofées aux faits qu'ils avoient vérifiés. Au furplus, pour ne laiffer aucun doute fur un point auffi important, on va reprendre, & difcuter les principales objeĉtions des Oppofans.

2° Poffibilité de la Jonĉtion projettée.

Ces objeĉtions confiftent à dire, 1° Que l'impoffibilité du Canal a été anciennement reconnue; & à défaut de preuves pofitives, les Oppofans appuyent cette première prétention fur des conjeĉtures tirées de l'inaĉtion de la Ville de Narbonne, pendant près de 50 ans; inaĉtion qu'on ne peut, felon eux, attribuer qu'à cette Caufe. Ils ajoutent, comme un fait certain, que M. de Niquet qui, dans fon Devis, convenoit que la partie, dont il s'agit, avoit befoin d'examen avant d'être entreprife, en reconnut les inconvéniens infurmontables, par cet examen, & par fes expériences; que lorfque cet Ingénieur fit fon Devis, les Eaux étoient fi abondantes, qu'on cherchoit à leur donner un écoulement par le Canal projetté; mais que depuis la conftruĉtion des 54 acqueducs, & par conféquent la diminution de 54 prifes pour le Canal Royal, M. de Niquet ne penfa plus qu'il convînt de faire celui de Narbonne; qu'enfin, comme M. de Vauban, régla lefdits acqueducs, peu de tems après le Devis de

M. de Niquet, & visita, pour cet effet, le Canal Royal, il y a lieu de croire que ce furent ses sages Avis, qui arrêterent la derniere partie du Projet.

Les Opposans pretendent, en second lieu, que cette derniere partie du Projet (qui est le Canal projetté) est en effet impossible dans son exécution, tant par la nature du terrein, dans lequel ledit Canal doit être excavé, que par les dangers du trajet de la Riviere d'Aude, qu'il doit traverser sur la longueur de plus de 600 toises, & par l'inaptitude du Grau de La Nouvelle.

Ils soutiennent, enfin, que quand l'exécution en seroit possible, & même facile, il ne peut avoir lieu, sans nuire à la navigation du Canal Royal, ce qu'ils prétendent établir, en disant : 1° Que les eaux qui entretiennent cette navigation, sont à peine suffisantes dans cet objet, & ne peuvent par conséquent être détournées pour la navigation du Canal de Narbonne, sans interrompre celle du Canal des deux Mers. 2° Que les prises qui sont offertes ne peuvent remplacer les eaux qu'on détourneroit. 3° Qu'en supposant le remplacement suffisant & certain, la sortie & la prise, dépendantes d'un autre Propriétaire, assujettiroient le Canal des Mers à une incertitude qui nuiroit à sa navigation, & qu'il en résulteroit des discussions, des debats, & des Procès continuels entre les deux Propriétaires ; que ces discussions, debats, & procès seroient inévitables, & que la navigation du Canal Royal en souffriroit un très-grand préjudice. 4° Enfin, que si le Canal de Narbonne, ayant lieu, détournoit les Barques qui passent actuellement dans la partie du Sommail, à Agde, & à Cette, ou en tout, ou en partie, & occasionnoit par-là la diminution du produit du grand Canal, il nuiroit beaucoup en cela à sa navigation, parce qu'il mettroit les Propriétaires hors d'état de l'entretenir, ou du moins d'y faire les améliorations nécessaires pour la sûreté & la liberté de la navigation.

Telles sont en précis les objections des Opposans, contre la possibilité du Canal de Narbonne.

On doit écarter, en premier lieu, les conjectures tirées de l'inaction de la Ville de Narbonne. Cette inaction qui n'a pas été telle qu'on le prétend, a été sans doute occasionnée par des obstacles ; mais rien ne prouve que ces obstacles vinssent du côté de la possibilité. S'ils avoient eu cette cause, on n'auroit pas manqué de l'objecter lors des diverses tentatives que cette Ville a faites ensuite en 1709 & 1724, & depuis 1735 jusqu'en 1739, pour être autorisée à perfectionner son Canal ; les États de Languedoc en auroient eu connoissance ; & au lieu de demander au Roi en 1736, la permission d'examiner cette affaire, & de s'être occupés pendant plusieurs années de cet examen, il leur auroit suffi, comme l'observe M. de Crillon, de prouver l'impossibilité reconnue de son exécution, pour arrêter toutes les opérations dans leurs principes. C'est pareillement

sans

fans aucune preuve que les Oppofants avancent que M. de Niquet avoit changé d'avis, qu'il avoit reconnu des inconvéniens infurmontables dans la derniere partie du projet, depuis qu'on eut arrêté la conftruction des 54 aqueducs du Canal Royal, & que M. de Vauban avoit penfé de même; il eft conftant au contraire que depuis cette époque [*] on regardoit encore le Canal de Jonction comme devant avoir fon exécution; & on en trouve la preuve complette dans l'Arrêt du Confeil du 19 Janvier 1690, [n° 12], dans lequel après avoir parlé des Ouvrages qui avoient été faits depuis la Riviere d'Aude jufqu'à la Mer, il eft ajouté : « Sans lefquels Ouvra-» ges, ledit Canal qui doit joindre celui de communication des deux » Mers à la Robine de Narbonne, feroit tout-à-fait inutile. »

Les Oppofans ne font pas plus fondés dans les trois caufes qu'ils donnent de l'impoffibilité du Canal projetté en lui-même, & qu'ils font confifter, comme on l'a dit, dans la nature du terrein dans lequel ledit Canal doit être excavé, dans les dangers du trajet de la Riviere d'Aude, qu'il doit traverfer fur la longueur de plus de 600 toifes, & dans l'inaptitude du Grau de La Nouvelle.

On a deja eu occafion de parler du Grau de La Nouvelle, en traitant la queftion de l'utilité, & il a été obfervé que les allégations des Oppofans fur les défectuofités de ce Grau, font détruites, tant par l'avis de M. l'Intendant, que par les fondes qui en ont été faites, & par l'expérience journaliere; mais quand fon inaptitude feroit telle que les Oppofans le prétendent, il n'en refulteroit autre chofe, finon que ce feroit un inconvenient qui s'oppoferoit au progrès du Commerce qu'on fe propofe de faire par le nouveau Canal, mais jamais un obftacle à fa poffibilité.

Il en eft de même des dangers du trajet de la Riviere d'Aude; en les fuppofant tels que les Oppofans les préfentent, il en pourroit arriver tout au plus que les inondations de cette Riviere interromproient la navigation du Canal projetté, comme celle de la Riviere d'Orb interrompent la Navigation du Canal Royal; mais elles n'empêcheroient pas que le Canal projetté ne fût navigable dans les autres tems de l'année; ainfi on doit encore mettre à l'écart ce prétendu motif d'impoffibilité.

Le feul qui pût donc paroître férieux, feroit la nature du terrein dans lequel le nouveau Canal doit être excavé, fi en effet ce terrein étoit fujet à des filtrations qu'on ne pût arrêter : mais les avis de MM. Thierry & Dafté, & celui de M. l'Intendant fe réuniffent pour raffurer fur ce point; & en fuppofant que les obfervations faites par les Oppofants fur les avis de MM. Thierry & Dafté laiffaffent encore quelque doute, ce doute eft entierement levé par l'avis de M. Camus.

Il obferve en effet « que M. Thierry a été fondé à croire que le » terrein du nouveau Canal eft de la même nature que celui qui borde

(*) MM. les Propriétaires fixent l'époque du Réglement des 54 aqueducs en 1686, dans leur Mémoire, n° 64, & en 1688, dans celui n° 92.

D.

» la Riviere de Cesse en différents endroits, ou, sous un banc de gra-
» vier de 8 à 9 pieds plus ou moins qui forme le haut du terrein, il
» y a une masse de glaise ou de terre grasse, qui descend jusqu'au
» bas, & qui s'enfonce sans doute bien avant au-dessous de la Riviere ;
» qu'ayant trouvé de l'eau dans les trois trous appartenans à la 3ᵉ
» & 4ᵉ retenue, & à la partie qui doit joindre la Riviere d'Aude,
» il auroit pu assurer avec raison que le terrein de la moitié inférieure
» du Canal projetté, étoit suffisamment abreuvé, & qu'il n'y avoit
» point de transpirations à craindre. Qu'à l'égard de l'autre partie,
» 1° M. Thierry pouvoit espérer de trouver un meilleur terrein en
» approfondissant davantage, & que ses espérances étoient fondées
» sur la nature de celui qui borde la Riviere de Cesse, laquelle coule
» parallelement au Canal projetté, à peu de distance de ce Canal ;
» & 2° que quand même il n'auroit pas eu cette espérance, & que
» la partie inférieure seroit dans le même cas que la supérieure, il
» auroit pu assurer que de pareils terreins ont été étanchés par le dépôt
» seul des eaux qui y couloient, & que des terreins beaucoup plus
» mauvais, l'ont été en très-peu de tems en mettant des glaises sous
» les empellemens des portes des Ecluses, pour être délayées par
» l'eau qui sortoit de ces empellemens, attendu que l'eau chargée de
» la glaise qu'elle a délayée, la porte avec elle dans les interstices, &
» se ferme ainsi les issues par lesquelles elle s'échappoit. M. Camus
» ajoûte que ces manœuvres ne sont pas nouvelles, & qu'on en a
» fait d'heureuses expériences dans les Canaux de M. le Duc d'Orléans ;
» d'où il conclud qu'il ne voit pas pourquoi M. Thierry dit que si la
» base de chacune des retenues du nouveau Canal projetté, étoit,
» ainsi que le talus intérieur de ses terriers, pratiquée dans un terrein
» graveleux & pierreux, semblable au haut du terrein où les six pre-
» miers trous ont été creusés, il seroit persuadé qu'il y auroit des fil-
» trations à craindre. Que la grande profondeur où le Canal doit
» être excavé, devoit le rassurer contre ces filtrations : qu'en un mot,
» les craintes de M. Thierry sur la transpiration, ne sont pas des
» doutes sur la possibilité du Canal ; & que des craintes qui ne sont
» que pour un tems très-court, pendant lequel la grande retenue
» fournira immanquablement des eaux superflues, qu'on pourra, s'il
» est nécessaire, nourrir de glaise capable d'arrêter les transpirations,
» ne doivent point arrêter. »

Après une assertion aussi précise de M. Camus, il est évident que
la nature du terrein dans lequel le nouveau Canal doit être excavé,
ne peut pas former un obstacle réel à la possibilité dudit Canal ; on
a observé d'ailleurs, que les dangers du trajet de la Riviere d'Aude,
& l'inaptitude du Grau de La Nouvelle, ne peuvent tout-au-plus
intéresser que son utilité ; & dès-lors les trois motifs d'impossibilité
allégués par les Opposans, tombent entierement. Il ne reste donc
plus qu'à examiner si en effet, comme ils le prétendent, le nouveau
Canal ne peut avoir lieu sans nuire à la Navigation de celui des
deux Mers.

Les deux premiers motifs qu'ils en donnent, font 1° que les eaux qui entretiennent le Canal Royal, étant à peine suffisantes dans cet objet, ne peuvent être détournées pour la Navigation de celui de Narbonne, sans interrompre celle du Canal Royal. Et 2° qu'on ne peut remplacer les eaux qu'on detourneroit par les prises offertes.

En reponse à la premiere objection, on peut observer, 1° que lorsque M. de Niquet fit le Devis du Canal de Narbonne, il étoit sûrement persuadé que les eaux du Canal Royal étoient suffisantes pour fournir aux deux Navigations, puisqu'il ne proposa alors aucunes eaux de remplacement; & que la présomption qui en resulte n'est point détruite par ce que disent les Opposans, qu'il y avoit alors des eaux surabondantes, mais que depuis qu'on eut réglé les 54 Aqueducs du Canal, & supprimé par leur moyen 54 prises, ces Ouvrages, en diminuant l'envasement du Canal, avoient augmenté la penurie de ses eaux : puisque, comme l'observe M. Camus, M. de Niquet, qui ne pouvoit pas ignorer tout ce qui fut réglé pour le Canal en 1688, & qui devoit avoir la plus grande part à ce Reglement donna précisément dans cette même année son Devis pour le Canal de Narbonne, & qu'il n'est pas probable, ajoûte le même M. Camus, que M. de Niquet eût donné ce Devis, & qu'on eût travaillé en consequence jusqu'en 1690, si les prises d'eau qu'on avoit resolu de supprimer dans le Canal Royal, eussent été de quelque consequence, & si leur suppression eût pu ôter au Canal Royal les eaux superflues dont il devoit nourrir le Canal de Narbonne.

2° Que quoique M. Thierry, vû la saison dans laquelle il a fait sa vérification, n'eût pas pû être certain si les eaux superflues qu'il trouvoit, feroient suffisantes en toutes saisons; on voit, par son Avis, qu'il croyoit la chose très-possible, puisqu'en proposant de construire le Canal, il propose de commencer par essayer si les eaux actuelles ne suffiroient pas pour les deux Navigations, avant de s'occuper à donner des eaux de remplacement.

3° Qu'il résulte de sa vérification, & de celle de M. Dasté, faite en tems de secheresse, que le volume d'eau qui se perd par la chaussée de la Roupille, & par les Epanchoirs de la Rigole de Mirepeisset, est un objet très-considerable; & que M. Camus, après avoir rendu compte de toutes les opérations faites sur les lieux par les Ingenieurs, dit positivement, que M. Dasté ne pouvoit s'empêcher de conclure, comme il a fait, qu'il se trouve, en tout tems, dans la grande retenue, des eaux superflues, quand on les menage bien; & que quoiqu'il ne puisse point en fixer la quantité, il pouvoit dire, avec assurance, que si la Chaussée de la Roupille, qui laissoit échapper plus d'un cinquieme des eaux de la Riviere de Cesse, étoit en bon état, il y auroit, dans la grande retenue, plus d'eaux superflues qu'il n'en faudroit pour le Canal de Narbonne.

4° Enfin, qu'outre la perte d'eau qui se fait par cette Chaussée, & qui n'auroit pas lieu si elle étoit construite en bonne maçonnerie,

comme M. Camus obferve qu'elle peut & devroit être, & comme
MM. les Propriétaires du Canal Royal y font obligés ; le Canal
Royal fouffre d'autres pertes d'eau affez confiderables, que M. Danify a conftaté provenir du mauvais état dudit Canal dans quelques
parties ; & qu'en remédiant, comme on le doit, à ces différentes pertes d'eau, la Navigation des deux Canaux n'en pourroit jamais manquer.

Au furplus, en fuppofant du doute fur ce premier point, il ne
paroît pas du moins qu'il puiffe y en avoir fur celui qui fait l'objet
de la feconde objeGion des Oppofans, c'eft-à-dire, fur le remplacement des eaux : ce remplacement eft affuré au moyen des prifes of-
fertes par la Ville de Narbonne ; puifque, quand même on conviendroit avec les Oppofans, contre ce qui refulte des vérifications de
MM. de Clapiés & Dafté, & des obfervations de M. l'Intendant de
Languedoc, que la prife d'Argendouble eft infuffifante, le Mémoire
du même M. Clapiés de 1724, la vérification de M. Thierry en 1738,
l'avis de M. l'Intendant, & celui de M. Camus, fe réuniffent fur la
fuffifance, & la convenance, à tous égards, de la prife de la Riviere d'Aude. L'avis de M. Camus eft d'autant plus décifif, qu'il a
eu communication de toutes les objeGions faites par MM. les Propriétaires, contre les vérifications, & en particulier contre cette prife ;
il détruit en détail toutes ces objeGions, ainfi que celles qui avoient
été faites en 1738 par M. de Bonrepos, lors de la vérification de M.
Thierry ; & il conclut de la maniere la plus précife, en difant qu'il
eft d'avis que le Canal de Narbonne, fi aucune raifon de politique
ne s'y oppofe, peut être achevé, & continué jufqu'au Canal Royal,
» puifque les Eaux qu'il tirera de la grande retenue, y pourront
» être abondamment remplacées par une partie de celles de la Ri-
» viere d'Aude, & que bien loin qu'il en refulte aucun inconvé-
» nient préjudiciable à la Navigation du Canal Royal, la Naviga-
» tion de ce Canal y gagnera. »

Cette conclufion de M. Camus, répond en même tems, & im-
plicitement, à la troifieme objeGion des Oppofans, qui confifte,
comme on l'a vu, à dire, qu'en fuppofant même le remplacement
fuffifant & certain, la fortie & la prife des eaux, dépendantes d'un
autre Propriétaire, affujettiroit le Canal des deux Mers à une incertitude qui nuiroit à fa Navigation, & qu'il en réfulteroit, entre les
deux Propriétaires, des difcuffions, débats, & procès continuels &
inévitables, dont la Navigation souffriroit un très-grand préjudice,
M. Camus a eu connoiffance de cette objeGion ; il connoît d'ailleurs
toute l'importance de la Navigation du Canal des deux Mers, &
combien il eft intéreffant d'éviter tout ce qui pourroit lui nuire ; ainfi,
on eft fondé à croire que, puifqu'il ne s'eft pas attaché à détruire
l'objeGion, & qu'elle n'a pas empêché qu'il n'ait été d'avis de la
conftruGion du Canal de Narbonne, cette objeGion n'eft pas auffi
férieufe que les Oppofans veulent le faire envifager, & que les Pro-

cès qu'ils veulent faire craindre, ne pouvant être fondés que sur la penurie des eaux, comme l'obferve M. l'Intendant, M. Camus a cru avoir fuffifamment raffuré à cet égard, en faifant voir que cette penurie ne peut jamais avoir lieu, & en obfervant « que la grande re-
» tenue, dont le Canal de Narbonne tireroit des eaux, ayant plus
» de onze lieues de longueur, eft un magazin immenfe, dans lequel
» il n'eft pas néceffaire de remplacer des eaux, à mefure qu'on en
» tire : qu'elle peut fournir à la defcente d'un grand nombre de Ba-
» teaux dans le Canal de Narbonne, fans baiffer bien fenfiblement,
» & que, pour la mettre en état de fuffire aux deux Navigations ,
» dans les tems où la Riviere d'Aude feroit trouble (tems qui, felon
» lui , ne peuvent qu'être très-courts en été, où le Canal Royal
» pourroit avoir befoin qu'on lui remplaçât des eaux) il ne fau-
» droit que lui donner en abondance des eaux de cette Riviere ,
» lorfqu'elle eft claire. » M. Camus en eft fi convaincu, qu'il y infifte dans un endroit de fa conclufion, où, contre l'allégation des Oppofans, fur la néceffité d'un remplacement continuel, il dit ex-preffément qu'on ne peut pas convenir que pour une Navigation continuelle dans le Canal de Narbonne, il faille un remplacement continuel d'eau dans le Canal Royal, puifque, de l'aveu de MM. les Propriétaires de ce dernier Canal, il a, pendant les trois quarts de l'année, des eaux fuperflues, & que ces eaux font plus que fuffi-fantes pour la Navigation du Canal de Narbonne ; & que quand même le Canal Royal n'auroit jamais d'eaux fuperflues, la propofi-tion ne feroit pas exactement vraie, puifque la grande retenue, qui contient des eaux immenfes, peut en prêter fans baiffer fenfiblement pendant le tems que peut durer une Inondation, & qu'il eft facile de les lui rendre enfuite en très-peu de tems.

Si ce qu'on vient de rapporter, de l'avis de M. Camus, ne raffu-roit pas fuffifamment, M. de Crillon a propofé, dans un de fes Mé-moires, de marquer & tracer au Canal Royal un repaire pour la hauteur des eaux néceffaires à la Navigation dudit Canal, qui fer-viroit pour ne détourner, à l'ufage de celui de Narbonne, que les eaux qui feroient au-deffus de cette hauteur, marquée en maçonne-rie, & placée au Sommail : M. l'Intendant de Languedoc a propofé, de fon côté, les obligations à impofer aux Propriétaires des deux Canaux, pour éviter tout procès entr'eux ; & s'il eft permis aux Députés de hazarder une propofition fur cette matiere, qui leur eft étrangere, ils obferveront que dès qu'il eft prouvé qu'au moyen du remplacement qui fera fait par la prife de l'Aude, la Navigation des deux Canaux ne peut jamais manquer d'eau, il paroîtroit fuffifant d'affujettir le Propriétaire du Canal de Narbonne à entretenir la Ri-gole en bon état, en laiffant la difpofition de la prife aux Proprié-taires du Canal Royal, qui dès lors ne pourroient plus fe plaindre qu'on leur donneroit des eaux quand ils n'en auroient pas befoin, ou qu'on ne leur en donneroit pas quand elles leur feroient nécef-

E

faires, & qui n'auroient jamais de prétexte pour en refuser au Canal de Narbonne, puifqu'ils feroient les maitres de les remplacer,
quand, & en telle quantité qu'ils voudroient. Au furplus, & quand
même les précautions propofées ne feroient pas fuffifantes pour ôter
tout germe de difcuffions & de procès entre les Propriétaires des
deux Canaux, on eft du moins fondé à croire qu'elles fuffiront pour
empêcher que ces difcuffions & procès ne deviennent préjudiciables
à la Navigation; & par conféquent la troifieme objection des Oppofans refte fans fondement.

Il en eft de même de la quatrième & derniere, tirée du prétendu
préjudice que le Canal de Narbonne caufera à la Navigation du
Canal Royal, en cela feul qu'en détournant les Barques qui auroient
continué leur route du Sommail, à Agde & à Cette, il diminuera le
revenu dudit Canal Royal; à l'appui de cette prétention, MM. les
Propriétaires avoient expofé dans leurs premiers Mémoires que le
Tarif du Canal, reglé depuis fa conceffion, n'a pas été augmenté
depuis, quoique les frais ayent triplé, qu'on l'avoit fixé pour l'entretien néceffaire, qu'il eft aifé de voir que ce n'eft qu'avec peine qu'ils
peuvent tirer du Canal les fonds qu'exigent l'entretien courant & les
accidens imprévûs, & qu'il feroit aifé de citer des exemples de malheurs inévitables fur la longueur du Canal, qui leur ont coûté en un
jour plus de cent mille francs; ils ajoûtoient qu'en particulier le produit des droits de la partie du Sommail à Agde, n'eft pas certainement équivalent à fon entretien, que les réparations courantes, l'en-
gravement du lit de la Riviere d'Orbs, & les enfablemens des débouchés de Libron, auxquelles il faut remédier dans 24 heures, confom-
ment bien au-delà du revenu modique de cette partie, & que fi la
diminution du paffage des Barques le diminuoit encore, ils ne pourroient plus fuffire à ces réparations, malgré la bonne volonté dont ils
ont donné de fréquentes preuves, & feroient forcés de l'abandonner,
d'où il fuivroit que le nouveau projet occafionneroit réellement la
chûte inévitable de cette partie du grand Canal.

Cette confidération avoit frappé en 1737 plufieurs Communautés
de la Province, & on voit encore qu'elle a été, en dernier lieu, un des
principaux motifs de l'oppofition de celles qui ont donné un avis
defavorable au projet du Canal de Narbonne; mais la Ville, & la
Chambre de Commerce de Montpellier qui en avoient été frappées
elles-mêmes en 1737, en ont fait voir le faux dans leurs Délibérations
des 13 & 19 Octobre 1751: auffi MM. les Propriétaires du Canal
Royal ne l'ont-ils plus fait valoir dans fon entier; mais ils ont perfifté
à dire « que diminuer les revenus du Canal, c'eft leur ôter la faculté
» de réparer promptement les défordres imprévûs, leur fupprimer
» les moyens de travailler comme ils le font tous les jours, à donner
» avec des frais immenfes une plus grande fûreté au commerce, que
» plus le Canal leur produira, & plus les Commerçans feront affurés
» de ne trouver, fur ce Canal, d'autres obftacles que ceux aux-

» quels on ne pourra remédier à force de foins & d'argent. Qu'enfin
» on doit defirer politiquement que toutes les parties du Canal pro-
» duifent abondamment de quoi fubvenir à leur entretien, que c'eft
» l'intérêt public, & que fi les Revenus diminuoient, ils pourroient
» être obligés à l'entretien, mais non à l'amélioration qui eft l'objet
» effentiel. »

On a peine à concevoir comment MM. les Propriétaires ont pu
préfenter férieufement, & dans l'intérêt général, une pareille objection
contre le Canal de Narbonne; ce Canal, en détournant une partie
des Barques qui continuent aujourd'hui leur Navigation, du Sommail à Agde ou à Sette, portera fans doute quelque préjudice à leur
intérêt particulier (ce n'eft pas ce dont il eft queftion ici,) mais il
n'en caufera aucun à la fûreté & à la liberté de la Navigation du
Canal Royal, qu'ils feront toujours tenus d'entretenir indivifiblement
& dans toutes fes parties, moyennant la perception des droits qui
leur ont été accordés à cet effet, ou d'abandonner en entier en re-
nonçant auxdits droits; leurs obligations font indivifibles, ils ne peuvent conferver une partie & abandonner l'autre; ils font tenus de
l'entretien du Canal dans toute fa longueur. Forcés d'en convenir, ils
difent aujourd'hui qu'ils pourront être tenus de l'entretien, mais non
de l'amélioration, qui eft l'objet effentiel : foible diftinction & qui ne
fignifie rien! L'entretien duquel ils font tenus, confifte, fuivant
les titres qui établiffent leurs droits, « à entretenir & réparer foigneu-
» fement à perpétuité ledit Canal Royal, rigoles de dérivation,
» magafins & réfervoirs d'eau, relever les éboulemens, creufer &
» nettoyer les fables & immondices, & généralement faire tous les
» frais & dépenfes convenables pour maintenir ledit Canal libre &
» en état perpétuel de Navigation en toutes les faifons de l'année, fui-
» vant & conformément aux claufes portées par les adjudications
» faites au fieur Riquet, à quoi font fpécialement affectés & hypothé-
» qués tous les revenus & droits de péage, joints à la Seigneurie du
» Canal. » C'eft ainfi que s'en explique l'Arrêt du Confeil du 14
Mars 1682, celui du 26 Septembre 1684, qui régle les droits, ordonne pareillement que, moyennant lefdits droits, le fieur Riquet
de Bonrepos fera tenu d'entretenir, en tout tems, en bon état de
Navigation, ledit Canal, Eclufes, &c. La Navigation doit donc être
entretenue en bon état en tout tems : voilà l'objet effentiel; & s'il
eft rempli, le commerce n'aura point à demander d'améliorations;
mais fi par ce mot d'*amélioration*, MM. les Propriétaires n'entendoient
autre chofe que les ouvrages néceffaires, par exemple, pour empêcher que des enfablemens fréquents n'interrompent la Navigation,
que les réfervoirs & magafins d'eau ne fe comblent, & autres réparations de ce genre, c'eft mal-à-propos qu'il prétendroient n'être pas
tenus de cette *amélioration*, puifqu'elle eft néceffaire pour *maintenir
le Canal libre & en état* perpétuel de Navigation, ainfi qu'ils y font
obligés par les titres qui viennent d'être cités.

Les Députés ne peuvent même se difpenfer d'obferver à cette occa-: fion, qu'il paroît par l'Avis de M. l'Intendant de Languedoc (*), qu'il s'en faut de beaucoup que les obligations de MM. les Proprié-taires ne foient remplies, à cet égard dans toute leur étendue ; que parmi les différentes parties fur lefquelles M. l'Intendant témoigne de très-violents foupçons, & même plus que des foupçons, il en eft plu-fie urs dont le bon ou mauvais état interesse essentiellement la sûreté de la Navigation, & la confervation du Canal Royal, & que cet objet mérite toute l'attention du Confeil; ils ne s'arrêteront pas ici à rapporter en détail, les caufes & les motifs des allarmes de M. l'In-tendant, perfuadés que MM. les Commissaires jugeront convenable d'en prendre connoissance dans fon Avis même, & ils ne peuvent que fouhaiter comme lui, qu'elles ne foient pas auffi fondées qu'elles le paroissent,

(*) Pag. 177. & fuiv.

Quoi qu'il en foit au furplus de cette queftion générale & impor-tante, la queftion particuliere à laquelle les Députés reviennent, ne peut fouffrir aucune difficulté; les engagemens de MM. les Pro-priétaires pour l'entretien du Canal Royal étant formels & indivifi-bles, comme on l'a fait voir, il eft certain que la conftruction du Canal de Narbonne ne peut & ne doit préjudicier en aucune ma-niere à cet entretien ; il y a plus, & on ajoûtera avec confiance, qu'il en doit refulter au contraire, qu'il fera fuivi avec beaucoup plus d'attention & de foin, vû que l'intérêt que MM. les Proprié-taires ont à y veiller, deviendra alors plus preffant, & les engagera à faire tous leurs efforts pour que la partie du Sommail à Agde fur-tout, fouffre le moins d'interruptions poffibles, & foit toujours en tel état qu'elle puisse conferver la concurrence avec le Canal de Nar-bonne, pour les parties de Marchandifes qui, du Haut-Languedoc & de la Guienne, feront deftinés pour la Provence & l'Italie, & reciproquement pour celles qu'on pourra envoyer d'Italie & de Provence, à la deftination du Haut-Languedoc, & de la Guienne.

C'eft donc mal-à-propos que les Oppofans ont allégué, contre la poffibilité du Canal de Narbonne, le préjudice que la Navigation du Canal des deux Mers en fouffriroit; ils n'ont pas été plus fon-dés dans leurs prétentions fur l'impoffibilité dudit Canal en lui-même : On a fait voir d'un autre côté, que bien loin d'être inutile, comme ils le foutenoient, ce Canal préfente de très-grands avantages pour le Commerce; ainfi les deux motifs d'oppofition qu'ils avoient pré-fentés dans l'intérêt général, ne meritent aucune confidération.

Examen des moyens parti-culiers des Op-pofans.

Si des motifs d'oppofition tirés de l'intérêt général, on passe en-fuite à la difcuffion des moyens particuliers des divers Oppofans, il fera aifé de fe convaincre, en les parcourant fommairement, que ces moyens ne font rien moins que folides, & ne doivent ni ne peu-vent empêcher la conftruction du Canal de Narbonne.

Et en effet, on doit écarter, en premier lieu, le préjudice que les Villes de Beziers, Agde, Cette & Marfeillan prétendent que leur doit

doit caufer le Canal de Narbonne, foit en occafionnant le defaut d'entretien, & bien tôt après l'abandon de la partie du Canal Royal depuis le Sommail jufqu'à Agde & Cette, foit par l'interruption de la Navigation dudit Canal Royal, dans le cas où il manqueroit d'eau. L'examen qui vient d'être fait des diverfes queftions relatives à la poffibilité, fait voir combien les craintes de ces Villes font chimériques en ce point.

On doit pareillement écarter les moyens employés par M. le Maréchal de Belleifle, & par M. le Duc de Brancas; l'un & l'autre craignant que le nouveau projet ne diminue le Commerce du Canal Royal, envifagent dans cette diminution, celle des péages & droits qui leur appartiennent; au premier, comme Ceffionnaire par échange fait avec le Roi, du droit de Péage qui fe leve à Auvillars; au fecond, comme Aliénataire du Comté de Lauragais, & Propriétaire à ce titre du droit de Coupe & Leude fur tous les grains qui y arrivent par le Canal Royal. Mais l'oppofition qu'ils forment en confequence eft d'autant moins fondée, que la diminution de Commerce & de Navigation du Canal Royal, ne peut avoir lieu que dans la partie baffe dudit Canal, c'eft-à-dire, depuis le Sommail jufqu'à Agde & Cette, ce qui ne les intéreffe point, & que la partie fuperieure depuis le Sommail jufqu'à Touloufe qui les intéreffe réellement, bien loin de devoir fouffrir de la diminution dans fon Commerce & fa Navigation, doit au contraire les voir augmenter au moyen du nouveau debouché qui lui procurera la Jonction projettée.

Les Villes de Beziers, Agde, Cette, &c. font à la vérité plus fondées à pretendre que le Nouveau Canal leur portera un préjudice réel en tranfportant à Narbonne une partie du Commerce d'entrepôt & de paffage, qu'elles font en poffeffion de faire; mais on a fait voir, en traitant la queftion générale de l'utilité, que l'intérêt particulier de ces Villes, qui d'ailleurs ne fera pas auffi lezé qu'elles veulent le faire penfer, ne peut entrer en comparaifon avec les avantages confiderables que prefente le nouveau Canal.

Le principal moyen d'oppofition de la Ville de Pezenas, n'eft tiré que de ce que la conftruction du nouveau Canal tendroit à éloigner & affoiblir le Commerce de cette Ville, & feroit préjudiciable aux Charretiers & Voituriers qui y font nombreux, & par conféquent aux Habitans pour la Vente de leur fourage. Il eft aifé de fentir la foibleffe de ce moyen, & on ne le rapporte ici que parce qu'il ferviroit au befoin de nouvelle preuve de l'utilité de la Jonction projettée.

Le Diocéfe de Lavaur prétend avoir un intérêt perfonnel à s'y oppofer, en ce qu'il a adheré à la Requête de la Ville & Communauté de Revel, pour demander l'établiffement d'une Navigation fur la Rigole appellée de la Plaine, depuis Revel jufqu'au Canal; mais outre qu'il refulte des vérifications des Ingenieurs, & de l'avis de M. Camus, que le nouveau Canal remplacera abondamment les eaux qu'il empruntera du Canal Royal, que par conféquent il ne formera

F

pas d'obstacle à la Navigation dont la Ville de Revel & le Diocèse de Lavaur demandent l'établissement (si on juge d'ailleurs que cette Navigation puisse avoir lieu) & qu'ainsi ce Diocèse est sans intérêt dans son opposition ; quand même il en seroit autrement, cet intérêt particulier ne pourroit être écouté, la Navigation de la Rigole de la plaine ne pouvant en aucune maniere être susceptible des avantages generaux que procurera celle du Canal de Narbonne.

On ne doit pas non plus écouter les craintes que présentent les Habitans de la Communauté de Saint Marcel, Diocèse de Narbonne, sur les inondations de l'Aude, sur les transpirations du Canal, &c. Si ces craintes avoient eu quelque fondement, M. l'Intendant, à qui lesdits Habitans avoient presenté leur Requête d'opposition, n'auroit pas manqué d'en parler dans son Avis : elles sont d'ailleurs detruites par ce qui a été rapporté precédemment de l'Avis de M. Camus, qui, après avoir observé que la grande profondeur du Canal doit rassurer contre les transpirations, & qu'une partie du terrein dans lequel il doit être excavé n'en est pas susceptible, donne des moyens sûrs & confirmés par l'expérience, pour remédier à celles qui pourroient d'abord avoir lieu dans l'autre partie.

M. Camus indique aussi dans son Avis, les précautions à prendre pour éviter les irruptions des eaux de la Rigole de dérivation de l'Aude ; & il assure positivement que la Chaussée à construire dans le lit de cette Riviere qui doit être fort basse, ne sera pas difficile à construire solidement, & ne causera aucun regonflement sensible dans ses crues ; ainsi on doit encore écarter les deux moyens d'opposition que la Ville de Carcassonne tire des dommages, que doivent lui causer le regonflement de l'Aude, & les irruptions des Eaux de la Rigole de derivation.

Les deux autres moyens employés par cette Ville, ne méritent pas plus de considération ; l'un est tiré de ce que ladite Rigole de derivation seroit un obstacle insurmontable, à ce que le Canal Royal pût être jamais emmené aux Portes de Carcassonne, & priveroit par-là cette Ville de l'avantage de la Navigation, & des arrosages qu'elle s'en promet. On y répondra, comme on a fait, relativement à la Navigation de la Rigole de la Plaine, que l'obstacle que la construction du Canal de Narbonne pourroit porter à celle d'un Canal particulier pour Carcassonne, ne peut jamais former un motif suffisant d'opposition, l'intérêt particulier devant toujours ceder à l'intérêt général, tel qu'il est reconnu ici ; à quoi on peut encore ajoûter que la Ville de Carcassonne a vraisemblablement trouvé d'autres obstacles à la Navigation dont elle se montre si jalouse aujourd'hui, puisqu'il ne paroît pas qu'elle s'en soit occupée depuis 1724, tems auquel M. de Clapiés en avoit fait voir la possibilité par son Memoire joint au dossier : & quant à l'autre moyen, tiré de ce que, vû le peu d'eau que porte la Riviere en Automne, la Rigole ne seroit d'aucun usage dans cette saison, la seule où son service soit necessaire, ou bien absorberoit les eaux de la Fontaine de Carcassonne. Ce moyen

paroît d'autant moins fondé, qu'aucun des autres Oppofans n'a con-
tefté que la Riviere d'Aude ne pût fournir en tout tems des eaux
en abondance, ce qu'ils n'auroient pas manqué de faire, fi en effet
cette Riviere portoit affez peu d'eau en Automne pour ne pouvoir
pas entretenir la Rigole de derivation projettée, fans abforber les
eaux d'une Fontaine déja établie; au furplus, la prife de cette Fontaine, étant fuperieure à celle propofée pour le Canal, & la Ville
de Carcaffonne en étant en poffeffion, elle ne doit pas craindre de
s'en voir privée fans être entendue; fon oppofition à cet égard feroit
donc au moins prématurée, & ne paroît pas mériter d'être écoutée.

Les moyens employés par MM. les Propriétaires du Canal Royal,
les feuls dont il refte à parler, ne font pas plus folides, mais meritent
un peu plus de difcuffion; ils font tirés des titres qui leur ont accordé
la Seigneurie & Fief dudit Canal, divers priviléges qui y font relatifs, & les droits qu'ils font percevoir fur la Navigation. Ces titres
fon l'Edit du mois d'Octobre 1666; l'Arrêt du Confeil, revêtu de
Lettres-Patentes du 7 du même mois d'Octobre, au dit an, & ceux
des 16 Janvier 1677, 14 Mars 1682, & 26 Septembre 1684.

Le feu Roi en ordonnant, par l'Edit du mois d'Octobre 1666,
qu'il feroit inceffamment procedé à la conftruction du Canal de Navigation, & communication des Mers Océane & Mediterranée, fuivant & conformement au Devis fait par M. le Chevalier de Clerville, créa & érigea par le même Edit, ledit Canal, fes bords, &c.
en plein Fief, avec toute Juftice, droit de Pêche & Chaffe, privilege exclufif d'établir les Bateaux pour le tranfport, voitures & conduite de perfonnes, marchandifes & denrées & plufieurs autres pri-
vilèges & droits. Il ordonna que, par les Commiffaires du Confeil
il feroit procedé à la vente dudit Fief, pour être, les deniers qui
en proviendroient, employés à la conftruction de l'ouvrage. Il établit, pour fournir à l'entretien du Canal, un Péage dont la vente
fut pareillement ordonnée, pour en être les deniers employés à la
conftruction, & à la charge que l'Acquereur dudit Péage feroit
chargé de faire faire à perpetuité toutes les reparations; il ordonna
enfin la revente de differens Offices & Droits, toujours dans l'objet d'en employer le produit à la conftruction du Canal.

Entr'autres claufes, l'Edit en contenoit une qui laiffoit les chofes
vendues par les Commiffaires du Confeil, fujettes à rachat perpétuel; & comme on craignoit que cette claufe ne diminuât beaucoup
le prix du Fief & du Péage, elle fut annullée prefque fur le champ
par un Arrêt du Confeil de propre mouvement, & revêtu de Lettres-Patentes du 7 du même mois d'Octobre 1666, par lequel Sa
Majefté ordonne « que les Adjudicataires defdits Fiefs & Péages,
» leurs héritiers ou ayans caufe en jouiront en toute propriété,
» pleinement & incommutablement, fans qu'ils puiffent être cenfés
» ni reputés domaniaux, ni fujets à rachat, ou qu'ils puiffent être
» dépoffedés par vente, revente ou autrement, dont Sa Majefté les
» a dechargés, en fatisfaifant par eux à l'entretien dudit Canal à

» perpetuité, » & autres charges, claufes & conditions portées par ledit Édit.

M. Pierre-Paul de Riquet s'étant rendu bientôt après Adjudicataire de la conftruction du Canal, moyennant les fommes portées par différentes adjudications, il tint compte, fur le prix des deux premieres, d'une fomme de 400000 livres pour *la Seigneurie & Fief dudit Canal, depuis la Riviere de Garonne jufqu'à l'Etang de Thau & les Rigoles en dépendant*. Il fut rendu en confequence un Arrêt du Confeil le 16 Janvier 1677, qui contient vraifemblablement la vente qui lui en fut faite ; cet Arrêt n'eft pas joint au doffier ; mais il eft rappellé dans celui du 14 Mars 1682, intervenu depuis la mort de M. de Riquet, & dans lequel, après avoir ftatué fur plufieurs demandes en indemnité, formées par M. de Riquet de Bonrepos fon fils, Sa Majefté ordonne qu'il lui fera expédié, par le Garde du du Tréfor Royal, une quittance de Finance de ladite fomme de 400000 l. , » pour jouir par ledit fieur de Bonrepos, fes fucceffeurs & ayant- » caufe, à perpetuité, pleinement & incommutablement de la pro- » priété de ladite Seigneurie & Fief en toute Juftice, avec le péage, » droits, honneurs & avantages fpecifiés dans l'Edit du mois d'Octo- » bre 1666, fuivant les Arrêts du Confeil des 7 dudit mois d'Octo- » bre audit an, & 16 Janvier 1677, & conformément à la Pan- » carte qui fera reglée & arrêtée au Confeil fur l'avis du fieur Da- » gueffeau, Intendant de la Province de Languedoc ; cette Pancarte » fut reglée depuis, du confentement de M. de Bonrepos, par Ar- » rêt du 26 Septembre 1684. »

C'eft en vertu de ces titres, que MM. de Riquet pretendent aujourd'hui, que le Canal, fes bords, fes ouvrages, fes bâtimens & fes eaux font leur bien ; qu'ils ne font pas moins propriétaires des eaux que du Canal même, puifque ces eaux tirent leur fource du grand refervoir qu'ils ont fait conftruire, & qu'elles ne fervent à la Navigation, qu'au moyen des Ouvrages qu'ils ont pareillement conftruits à grands frais, qu'ils reparent & entretiennent à leurs depens ; que les droits forment le revenu naturel & legitime de ce bien qu'ils ont acquis incommutablement ; qu'on ne peut, fans injuftice, leur enlever aucune portion, ni du fonds, ni du revenu du Canal ; & que c'eft cependant ce qui arriveroit dans le Canal de Jonction, puifque ce Canal, prenant fon embouchure vers le milieu du grand, fon Entrepreneur profiteroit de toute la partie fuperieure dudit grand Canal, & par confequent de toutes les depenfes qui y ont été faites par eux, ainfi que de l'eau qui leur appartient inconteftablement, & les dépouilleroit en même tems d'une partie de leurs revenus ; en un mot, de feuls Proprétaires qu'ils font aujourd'hui, ils deviendroient Co-Propriétaires avec lui, au préjudice des titres cités, & notamment de l'Arrêt de 1666, par lequel le Roi lui-même renonce expreffément à pouvoir les dépoffeder, en tout ou en partie ; tel eft leur premier moyen d'oppofition.

Ils ajoûtent que ces mêmes titres leur accordent le privilege ex-
cluſif

clufif d'exercer la Navigation du Canal, de conftruire fur le Canal ou fur fes bords, les Maifons, Bâtimens & autres Ouvrages néceffaires pour cette Navigation , & d'y avoir des Barques & autres
Voitures pour le tranfport des perfonnes & marchandifes , avec défenfes à tous autres, de s'ingerer d'en avoir à leur préjudice ; ils prétendent que le projet de M. de Crillon ne peut avoir lieu, fans de-
truire un privilege auffi formel, & auffi merité ; qu'en effet M. de
Crillon voudra fûrement, fous pretexte de la Navigation de fon Canal de Jonction, fe fervir des Eclufes, Machines, Ouvrages, & Bâtimens qu'ils n'ont fait conftruire que pour eux, qu'il voudra en faire
conftruire d'autres peut-être differens, & peut-être contraires à l'effet de ceux qui y font déja ; qu'en un mot, leur privilege exclufif, privilege unique & indivifible va être partagé, & au mepris
de la Parole Royale de Louis XIV, n'en fera plus un deformais,
& va dégénérer en fociété pernicieufe, & funefte au bien de la Navigation ; c'eft leur fecond moyen d'oppofition, & ils le croyent fi
fondé, qu'ils ajoûtent que quand il feroit poffible d'imaginer un Canal en Languedoc pour la communication des deux Mers, plus com-
mode, plus beau, & plus utile que celui qui exifte, on ne pourroit
pas, fans une injuftice, & une ingratitude infinie, décréditer & détruire le Canal exiftant & le facrifier à un nouveau, qu'il faudroit
au moins leur accorder d'autres poffeffions plus magnifiques & plus
lucratives, qu'autrement rien ne feroit plus capable de décourager
les grands Hommes dans leur recherches, & dans leurs études, que
d'être expofés, après avoir fait une découverte, & en avoir obtenu
le privilege, à en perdre tout-à-coup l'honneur & le profit, s'ils venoient à être furpaffés, par un autre qui, fans eux, ne les auroient
peut-être jamais atteint.

Ils pretendent enfin [& c'eft leur dernier moyen] que la prétention de M. de Crillon, de faire paffer les Barques de fon Canal
dans le leur, & malgré eux, feroit une vraie derogeance au privilege exclufif qu'ils ont pour la fourniture des Barques publiques &
de Navigation ; que ce privilege, expreffément ftipulé dans l'Edit de
1666, étoit une nouvelle affurance, que le Roi ne permettroit jamais
qu'on joignît au grand Canal aucun autre Canal de Navigation, puifque ce privilége étoit incompatible avec la Navigation du nouveau
Canal, appartenant à d'autres Propriétaires ; que vainement on leur
objecteroit qu'ils s'en font relâchés, en permettant aux Patrons de fe
fournir des Barques, & en leur abandonnant, pour cette fourniture,
un tiers des droits ; que ce n'eft qu'un accord verbal, une efpèce
de Ferme ; que les Patrons ne font en effet que les Fermiers de la
fourniture des Barques ; & que des traités entre des Propriétaires &
des Fermiers, ne forment pas une derogeance aux droits du Propriétaire, vis-à-vis le tiers étranger à la Ferme & à la Propriété.
Qu'enfin, ce traité n'eft pas irrévocable, & qu'il dependroit d'eux
de gérer, eux-mêmes, la fourniture des Barques s'ils le jugeoient à
propos, & qu'il vouluffent rentrer dans ce détail.

Les Députés ne chercheront point à contefter à MM. les Propriétaires du Canal Royal leur propriété incommutable; & quoiqu'ils ne voyent qu'avec peine les Privileges qui y ont été attachés, les Droits qui leur ont été accordés fur la Navigation, & les Charges qui en refultent pour le Commerce, & que le Commerce racheteroit avec joie beaucoup au-deffus du prix d'acquifition, ils ne propoferont point au Confeil de donner atteinte aux titres formels fur lefquels cette propriété eft fondée; mais s'il paroît jufte que MM. de Riquet jouiffent de leurs conceffions, tant & auffi long-tems qu'ils rempliront les charges, claufes, & conditions, auxquelles ces conceffions leur ont été faites, on ne peut s'empêcher en même tems de trouver injufte & indécente, l'extenfion qu'ils veulent y donner, ainfi que les allegations par lefquelles ils cherchent à la foutenir.

L'étendue de leur propriété eft fixée par leurs titres : le feu Roi leur a accordé, moyennant la fomme de 400000 livres, la Seigneurie & Fief du Canal depuis la Riviere de Garonne jufqu'à l'Etang de Thau & des Rigoles en dépendantes; la partie du Canal de Narbonne, qui étoit faite long-tems auparavant, celle qui a été conftruite peu après, & celle qui refte à faire, n'ont rien de commun avec cette propriété. Vainement MM. de Riquet pretendent-ils que l'Entrepreneur du nouveau Canal la partageroit en jouiffant de leurs eaux, le grand Refervoir dans lequel partie de ces eaux ont été raffemblées, les ouvrages qui ont été faits pour leur conduite, & pour la derivation de differentes Rivieres qui fourniffent l'autre partie des eaux, tout cela n'a point été fait à leurs frais, comme il femble qu'ils voudroient le faire entendre; c'eft le Roi, & la Province qui en ont fait la depenfe; & fi le Roi leur a donné depuis la jouiffance des eaux, en leur vendant la Seigneurie & Fief du Canal, il ne s'eft pas dépouillé pour cela de fon Domaine fouverain fur ces mêmes eaux, & de la faculté d'en deftiner le fuperflu à d'autres ufages, à d'autres Navigations; ainfi celle qui eft propofée aujourd'hui, peut avoir lieu, fans donner aucune atteinte à la propriété incommutable de MM. de Riquet.

On ne voit pas d'ailleurs en quoi elle detruiroit leurs Droits & leurs Privileges generaux; ils feront toujours les maîtres de jouir, à l'exclufion de tous autres dans l'étendue de leur conceffion, des Droits de Péage, des Droits de Chaffe & de Pêche, de la faculté de conftruire des Maifons, Bâtimens, Magazins, & Moulins, aux termes de l'Edit de 1666, pourvu que ces Bâtimens ne nuifent point à la Navigation, ainfi que le porte une des claufes de ce même Edit, l'Entrepreneur du nouveau Canal n'aura point, & ne demande pas le droit de fe fervir de leurs Eclufes, Machines, Ouvrages, & Bâtimens, ni celui d'en faire conftruire d'autres dans l'étendue de leur propriété, ils conferveront, dans tous ces points, les Privileges dont ils jouiffent, & qui leur font accordés par leurs titres.

Quant à celui de la fourniture exclufive des Barques, il y a long-tems qu'ils y ont renoncé, & le Commerce leur en paye affez cher le rachat, puifqu'au lieu de vingt fols feulement qu'il en devroit coûter, fuivant le Tarif; pour le tranfport d'un quintal de Marchandifes,

dans l'étendue de 40 lieues qui font la longeur du Canal Royal, il
en coûte aujourd'hui 25 fols, c'est-à-dire, 25 pour cent de plus; il
feroit d'ailleurs abſurde de penſer que, par ces Privileges, le Roi eût
entendu ſe priver de la liberté de faire ouvrir, quand il le juge-
roit convenable, de nouvelles branches de Navigation pour continuer
celle du Canal Royal, ou y communiquer; s'il étoit beſoin, de preuves pour faire voir qu'il ne l'a pas ainſi entendu, & que MM. de Riquet ne l'ont pas entendu eux-mêmes; le Canal des Etangs, où ils ont
laiſſé travailler ſans oppoſition de leur part, depuis la fin du ſiécle
dernier, en fourniroit une ſans replique; mais il y a plus ici, & quand
même on admettroit pour un moment le ſyſtême de MM. de Riquet,
il ne pourroit jamais être applicable à la Robine de Narbonne, qui
a toujours dû communiquer au Canal Royal, ſuivant même les Devis faits pour la conſtruction dudit Canal; on y voit en effet que, ſuivant le premier Projet, il devoit être conduit juſqu'à Narbonne, &
de Narbonne à l'Etang de Vendres, il devoit donc alors communiquer à la Robine, lorſqu'en rectifiant ce Projet, on ſe trouva enſuite obligé d'éloigner le Canal Royal de Narbonne pour en rendre
la route plus ſûre : le ſecond Devis, fait en conſéquence, reſerva
expreſſément par l'article 20, aux Habitans de Narbonne, & à ceux
du Diocèſe, la faculté de faire une Ecluſe dans la Riviere de Ceſſe,
pour la communication de la Robine, au Canal des deux Mers; ce
titre eſt formel contre la prétention de MM. de Riquet, & ils
peuvent d'autant moins s'y refuſer, que leur Auteur y a pleinement
acquieſcé, en ſe rendant Adjudicataire de la conſtruction du Canal,
conformément à ce Devis; on conviendra avec eux qu'il ne fut pas
ſuivi en entier, & que dans l'exécution on fit quelques changemens
à la route que le Canal devoit tenir; mais ces changemens que le Bail
d'Adjudication autoriſoit à faire, moyennant les précautions y ordon-
nées, ne pouvoient préjudicier en rien aux Habitans de Narbonne;
ils n'obligeoient qu'à choiſir un autre emplacement pour établir la
Jonction de la Robine au Canal des Mers, & c'eſt ce qui fut fait
enſuite par l'Arrêt du Conſeil de 1686, & le Devis dreſſé par M.
de Niquet. Ainſi, dans toutes les époques depuis 1666 juſques en
1686, la Robine a toujours dû communiquer au Canal Royal : MM.
de Riquet n'ont pas cru alors pouvoir s'y oppoſer; ils n'ont pas aujourd'hui des motifs d'oppoſition plus légitimes, ils ne ſont pas non
plus fondés par conſéquent à demander aucun dédommagement; &
les Députés, en ſe referant à cet égard à l'Avis de M. l'Intendant
de Languedoc, eſtiment, qu'en déboutant les divers Oppoſans des
oppoſitions, dont ils viennent de rendre compte, il y a lieu d'au-
toriſer de nouveau, en tant que de beſoin, le projet de Jonction de
la Robine de Narbonne au Canal Royal.

EXTRAIT du rapport de la vérification faite en exécution de l'Arrêt du Conseil, du 19 Juillet 1757, au sujet de la jonction du Canal de Narbonne, dit la Robine, au Canal de communication des Mers ; le préfent Extrait ne contenant que l'avis de M. Gendrier, tiers Expert.

L'an 1766, & le 20ᵉ jour du mois d'Octobre, &c.

Dépenfe des Eaux du nouveau Canal de jonction, pendant vingt-quatre heures.

Pour douze éclufées d'eau que dépenferont les quatre barques qui pafferont chaque jour par le Canal, chacune de 239 toifes 3 pieds 3 pouces 9 lignes cubes, produit cy... 2874 toifes 3 pieds 9 pouc.

Pour pertes d'eau par les joints des portes de la premiere éclufe du côté du Canal, eftimées ci-deffus. 2600

Pour filtration des eaux par le fond & les côtés du nouveau Canal, eftimées au tiers de leur cube, c'eft-a-dire à deux pieds de hauteur fur la fuperficie réduite des quatre retenues enfemble, qui eft de 10643 toifes 4 pieds 6 pouces, produit 3547 toifes 5 pieds 6 pouces cubes, dont il faut déduire les 2600 toifes employées ci-deffus pour la perte d'eau de la premiere éclufe qui y entreront, refte à compter... 947

Pour évaporation des eaux des quatre retenues & des cinq éclufées, portées à une moitié en fus de l'eftimation de M. Sauveur, lefquelles eaux forment enfemble une fuperficie de 13466 toifes 2 pieds 1 pouce 8 lignes, produit. 21 1 6

(1) TOTAL cy pour . . . . 6442 toifes 5 pieds 3 pouc.

Signés BOURROLEL, BAUDON & GENDRIER.

REMPLACEMENT des Eaux qui feront prifes dans le Canal Royal, pour abreuver le Canal de jonction.

Le tiers Expert fouffigné ayant pris communication des avis & repliques ci-deffus des Experts de la ville de Narbonne, & de MM. les propriétaires du Canal, au fujet du remplacement des eaux à prendre dans ce Canal, pour fournir à la dépenfe de celle du Canal de jonction, & ayant mûrement réfléchi, tant fur les moyens de ce remplacement, que fur la maniere de l'opérer, fans que la manutention du fervice du Canal Royal puiffe en être dérangée, eftime d'abord que la propriété des eaux de la riviere de Ceffe, que MM. les propriétaires prétendent, n'eft pas un fait dont l'examen nous foit commis (2), ainfi que nous en fommes ci-devant convenus; que

OBSERVATIONS

OBSERVATIONS

De MM. les Propriétaires du Canal, sur ladite Vérification.

Cet Extrait a été distribué par la Ville de Narbonne, quelques jours avant la délibération des Etats, au mois de Novembre 1767.

(1) *Quoique ces calculs soient faits avec beaucoup de régularité, il est cependant difficile d'établir le volume de la consommation d'eau, causée par l'évaporation & les filtrations d'un terrein fort étendu; car si l'année est plus chaude, l'évaporation sera plus forte; & s'il se trouve plus d'ouvertures qu'on ne croyoit dans le fond du lit du Canal projetté, les filtrations deviendront inappréciables, par conséquent la demande d'eau & le volume du remplacement le seront aussi; premier inconvénient pour la navigation des deux mers, & premier objet de discussion entre les deux Propriétaires.*

(2) *M. Gendrier pouvoit lire l'édit de création du Canal, il eût vu que les eaux nécessaires à sa navigation appartiennent à ses propriétaires; & comme ils ont fait deux chaussées en pierre de taille dans le lit de la riviere de Cesse, pour en pren-*

RÉFLEXIONS

Sur lesdites Observations.

L'époque de la distribution de cet Extrait est si indifférente au fonds de l'affaire, qu'on ne voit pas quel a pu être l'objet de cette observation qui ne présente d'autre réflexion à faire, si ce n'est que MM. les Propriétaires ont distribué, dans le même tems, tout ce qu'ils ont cru propre à soutenir leurs prétentions.

(1) Les trois Experts sont convenus de la difficulté d'estimer avec une précision mathématique le volume de la consommation d'eau par l'évaporation & les filtrations d'un terrein; aussi ils l'ont tellement outrée, de même que la perte par les joints des portes de la premiere écluse du Canal de jonction, qu'il ne devroit rester à MM. les Propriétaires d'inquiétude sur cet objet, qu'autant que le remplacement offert par la Ville de Narbonne, seroit simplement équivalent à cette consommation; mais s'ils veulent bien se rappeller que, pour une dépense d'eau de 6442 toises 5 pieds 3 pouces cubes, on en peut faire entrer dans le Canal Royal, par la rigole de Trebès, 121650 toises cubes par vingt-quatre heures, c'est-à-dire plus de dix-huit fois autant que cette dépense, leur observation sur la circonstance des années chaudes, & sur les filtrations, n'expose aucun inconvénient réel.

(2) M. Gendrier n'étoit pas commis ni compétent pour examiner & décider la question de la propriété des eaux prétendue par MM. les propriétaires du Canal, & la légitime étendue de leurs droits à cet égard; mais après avoir vu & examiné avec laplus sérieuse attention les restes de l'ancienne digue de la Roupille, son respect pour la mémoire du sçavant homme

EXTRAIT DU RAPPORT.

l'Expert de la Ville de Narbonne, en indiquant la conftruction d'une chauffée folide, à la place de celle de la Roupille, n'indique point aux frais de qui elle doit être faite, & que c'eft au Confeil à décider fur cela, ainfi que fur la conftruction de la rigole de Trebès; & que les cinq queftions auxquelles il demande des réponfes à l'Expert de la Ville de Narbonne, fur le genre des ouvrages qu'on fe propofe de faire à l'entrée de la rigole de Trebès, & fur la manutention du fervice des eaux, font, fans doute, intéreffantes pour MM. les propriétaires du Canal Royal; mais, en même tems, d'une efpece à être fi facilement réfolues par un homme de l'art, qu'il a pu fe difpenfer d'y répondre (3); qu'au furplus MM. les propriétaires qui regardent les eaux de la riviere d'Aude comme une ennemie, qu'on ne peut trop éloigner de leur Canal, beaucoup mieux placé, à la vérité, que s'il y eut abouti, pour y porter la navigation, fuivant le projet de M. de Clerville, ayant puifé dans les détails de leurs requifitions ci-jointes, tout ce que l'on peut dire fur le danger & les inconvéniens, qui, felon leurs principes, fuivroient l'introduction des eaux de ladite riviere dans ce Canal, notamment celle du 26 Octobre dernier; ce point important ne peut être mieux difcuté, qu'en rappellant chaque article de ladite requifition, & en examinant fi on peut prévenir ce danger & ces inconvéniens, tant par des moyens démonftrativement praticables, que par une manutention facile à fuivre par les garde-éclufes, vannes & épanchoirs du Canal Royal & de fes rigoles.

Le premier inconvénient que MM. les propriétaires du Canal Royal craignent & veulent éviter, eft l'introduction des eaux troubles de la riviere d'Aude dans ce Canal; & l'Expert de la Ville de Narbonne entend n'y faire entrer que des eaux claires; ce ne feroit donc que par la porte de la vanne de la rigole de Trebès qu'il en entreroit dans le Canal Royal, & les pertes feroient d'un volume bien peu confidérable, fi elle étoit autant étanchée qu'il eft poffible de la rendre. D'ailleurs, à chaque fois que cette vanne feroit baiffée à fonds, il feroit très-facile de faire à fon garde une loi ftricte de fervice, de fermer avec de l'étoupe, ou de la mouffe, les endroits par lefquels il auroit reconnu que fe font les pertes d'eau. Ce feroit une opération d'un quart d'heure, & alors il eft clair qu'on peut parer à l'inconvénient de l'introduction des eaux troubles de l'Aude dans le Canal Royal (4).

OBSERVATIONS.

dre toutes les eaux, ils ont le droit d'en conftruire une troi-fieme, fans que ces eaux puif-fent être employées à d'autres objets qu'à la navigation du grand Canal; d'ailleurs il fup-pofe que l'on conftruira dans cette riviere une chauffée folide, après que deux expériences, qui ont coûté plus de cent mille li-vres, ont appris que le projet étoit impoffible; fuppofons ce-pendant qu'il puiffe s'effectuer, & que la Ville de Narbonne puiffe établir la navigation de fon Canal fur les eaux qu'elle ajoûteroit par une chauffée en pierre de taille, à celles que le grand Canal reçoit déja de Ceffe par une chauffée de clayonnage; il eft plus qu'apparent que cette chauffée auroit le fort des autres. Comment pourroit-on alors ré-tablir la navigation du Canal Royal? Une chauffée en clayon-nage, telle que les Propriétaires l'ont actuellement, laiffe à la vé-rité perdre quelques eaux; mais fi elle eft dégradée par une inon-dation, elle eft rétablie en peu de jours, & la prife d'eau rentre dans le Canal; mais fi la chauf-fée de pierre, propofée par la Ville de Narbonne, étoit em-portée, combien faudroit-il de mois avant qu'elle fût rétablie? Que deviendroit alors la com-munication des mers fondée fur les eaux de cette prife depuis

RÉFLEXIONS.

qui l'a conftruite, n'a pas pu le faire convenir qu'il n'y ait aucun moyen d'en conftruire une capable de réfifter à toutes les fureurs de la riviere de Ceffe; quoi qu'il en foit, comme il ne doit plus être quef-tion de cette chauffée poffible ou non, l'obfervation de MM. les Propriétaires devient fans objet, par deux raifons auxquelles il eft impoffible de fe refufer.

La premiere, parce que la Ville de Narbonne n'établit point la na-vigation de fon Canal fur les eaux qu'une chauffée en pierre de taille ajoûteroit à celles que le grand Canal reçoit déja de Ceffe par une chauffée de clayonnage.

La feconde, parce que M. Gen-drier eft convenu lui-même dans fon Avis de l'inutilité de la conf-truction de cette chauffée, au moyen du remplacement d'eau procuré par la rigole de Trebès.

C'eft de ce remplacement très-abondant, très-affuré & très-utile pour la navigation même du Ca-nal Royal, que M. Gendrier a conclu que le Canal de jonction ne peut préjudicier à la naviga-tion du Canal Royal.

MM. les Propriétaires ne font donc pas fondés à dire que fi M. Gendrier n'a pas prévu & ré-pondu à l'objection de la poffibilité du renverfement d'une nouvelle digue & de la deftruction de la navigation du Canal Royal qui en réfulteroit, fa vérification n'a cer-tainement pas prouvé ce qu'il con-clut, puifque les chofes étant fup-pofées demeurer dans leur état actuel, cette obfervation ne pré-fente rien à difcuter de nouveau,

OBSERVATIONS.

Argens jufqu'à Béziers ? Si M. Gendrier n'a pas prévu & répondu à cette objection, fa vérification n'a certainement pas prouvé ce qu'il conclut.

(3) On ne comprend pas comment un tiers Expert peut fe difpenfer de répondre aux requifitions qui lui font faites. Il femble que le premier objet de fa miffion eft de les réfoudre.

(4) Les Vérificateurs du Canal de Narbonne femblent toujours fuppofer par leurs opérations que le Canal de communication des Mers eft un intérêt particulier, & que celui de Narbonne eft le véritable intérêt public; mais oublions un inftant & la Ville de Narbonne & les Propriétaires du Canal, & obfervons que le Canal des deux mers eft le premier mobile du commerce méridional, & que le Canal de Narbonne ne feroit tout au plus dans l'intérêt public, qu'un débouché de fupplément, dès que ces deux effets feront claffés, & que le premier paroîtra d'une importance fi confidérable; il paroîtra jufte que les Vérificateurs mettent une attention fcrupuleufe dans les moyens d'affurer cette précieufe navigation, avant d'en tirer une

RÉFLEXIONS.

(3) Le reproche que MM. les Propriétaires font ici au fieur Gendrier, eft fans fondement.

Ce tiers Expert a dit que l'Expert de la ville de Narbonne a pu fe difpenfer de répondre aux cinq queftions qui lui ont été propofées par celui de MM. les Propriétaires.

Mais il ne s'eft pas difpenfé lui-même d'y répondre, puifque ces cinq queftions font réfolues en détail dans tous fes Dires & dans fon Avis.

(4) Ni la Ville de Narbonne, ni les Vérificateurs du projet du Canal de jonction, n'ont jamais fuppofé ni prétendu que l'intérêt de ce Canal dût prévaloir à celui du Canal Royal, & on ne trouvera nulle part qu'ils aient rien dit qui puiffe autorifer une pareille imputation; mais en laiffant, puifqu'on le veut, à l'écart MM. les Propriétaires du Canal & la Ville de Narbonne, pour apprécier les deux Canaux d'après des témoignages auffi impartiaux que refpectables; on conviendra, d'un côté, que le Canal Royal eft une des merveilles du règne de Louis XIV, une des principales fources de la richeffe du commerce, & que tous les vœux doivent fe réunir pour la confervation & la durée de cet important ouvrage. Mais on dira, d'un autre côté, comme le difoient les Etats de Languedoc en 1676, tems auquel on étoit le plus occupé de la conftruction du Canal de communication des mers, que celui de Narbonne étoit regardé *comme une des voyes qui pouvoient rappeller le commerce dans la province, & comme un ouvrage précieux dont on avoit reconnu fenfiblement l'utilité.*

branche

OBSERVATIONS.

branche qui n'est nullement pres-
sante. Mais comment est-il pos-
sible que l'on propose sérieuse-
ment de soumettre la continuité
de la navigation des deux Mers,
à l'attention & à l'intelligence
d'un homme dépendant de la
Ville de Narbonne qui déci-
dera de la nature des eaux de
l'Aude, du tems où il faudra
ouvrir ou fermer la vanne d'en-
trée, & qui sera obligé de cal-
fater cette vanne à chaque inon-
dation avec de la mousse ou de
l'étoupe. On veut donc soumet-
tre la circulation libre du com-
merce du midi à cet homme
unique, dont l'inattention suffit
pour arrêter les Barques par les
dépôts qu'il peut occasionner
subitement dans le Canal; n'est-
il donc pas déja assez d'obstacles
à cette navigation sans en créer
encore de nouveaux?

D'ailleurs cette vanne seroit
fort inutile pour empêcher les
dépôts de la riviere d'Aude d'en-
trer dans le Canal, il est dé-
montré par l'expérience journa-
liere, que lorsque les eaux d'une
grande riviere s'élevent, elles
sont toujours troubles; & qu'à
mesure que leur cours se rallen-
tit, elles déposent le limon qu'el-
les rouloient auparavant. Si ces
eaux sont soutenues par une
chaussée, le dépôt s'arrête der-
riere cette chaussée, parce que

RÉFLEXIONS.

On dira avec l'Auteur des recher- [*] *T. II, p. 326*
ches sur les finances de France [*], *& 327.*
que *M. le Marquis de Seignelai,*
digne héritier des grandes vues de
son illustre pere, comprit, en 1684,
que l'exécution du grand Canal ne
devoit point faire oublier L'IMPOR-
TANCE ET LA NÉCESSITÉ DE
CELUI DE NARBONNE.
Avec M. de Seignelai dans sa
Lettre à M. de Niquet, du 6 Mai
1686, que la *jonction de la Robine*
de Narbonne au Canal des Mers,
est un travail de conséquence.
Avec M. de Niquet, dans son
Devis du 2 Février 1688, que le
Canal de jonction sera l'ouvrage
le plus beau & le plus achevé de
l'Europe.
Avec M. de Basville, que ce
Canal de jonction est le premier
des Ouvrages les plus considérables,
& tout ensemble les plus utiles qui sont
à faire dans la Province.
Avec les Etats de Languedoc,
en 1740, que *la navigation du Ca-*
nal Royal est souvent interrompue
par les inondations de la riviere
d'Orb; & que même indépendam-
ment des inondations, le passage des
barques dans cette riviere ne se fait
que par convoi, & même à certains
jours seulement, lorsque la riviere est
basse.
Avec la même assemblée, en 1754,
que *l'on pourroit procurer au Canal*
Royal une navigation sûre & à cou-
vert de toute sorte d'obstacles; en
ouvrant le Canal de jonction par le-
quel on éviteroit la route de Beziers,
& les Bâtimens arriveroient à leur
destination sans retardement.
Avec M. le Camus, dans la conclusion de son Avis, que *le Canal*
de Narbonne peut être achevé & con-
tinué jusqu'au Canal Royal; & que,
bien loin qu'il en résulte aucun in-
convénient préjudiciable à la navi-
gation du Canal Royal, la naviga-
tion de ce Canal y gagnera.
Avec MM. les Députés du commerce dans leur Avis, que *cette*
jonction ne présente aucun inconvé-
nient réel; qu'elle doit procurer au
commerce quantité d'avantages, &

I

OBSERVATIONS.

c'eſt-là qu'elles ſont plus dormantes ; & lorſque l'on laiſſe enſuite couler les eaux, même devenues claires dans une rigole ſupérieure & voiſine de cette chauſſée, & qui auroit été fermée auparavant par une vanne, elles entraînent par leur attraction toutes les vaſes arrêtés derriere cette vanne & derriere la chauſſée, & les dépoſent dès qu'elles trouvent les eaux dormantes. Il en eſt ainſi des eaux de la rigole de la plaine, qui conduit celles du réſervoir de S. Ferriol, au Canal des deux Mers, & quoique l'on y ait pratiqué des épanchoirs à fonds, deſtinés à les rejetter quand elles ſont troubles, & conſtruit de grands baſſins à leur embouchure pour en recevoir les dépôts ; malgré tant de précautions, elles verſent cependant dans le Canal, (dont les eaux ſont dormantes,) une quantité ſi conſidérable de limon, que l'on eſt obligé de recreuſer preſqu'annuellement les retenues voiſines de Naurouze, ainſi que celles qui ſe trouvent au débouché des rigoles de Ceſſe & d'Orbeil, quoique fermées avec des vannes, derriere leſquelles ſont pratiqués des épanchoirs pour en détourner les eaux troubles. Ainſi la robine de Narbonne, qui s'envaſe & ſe recreuſe par

RÉFLEXIONS.

qu'ainſi il ne paroît pas qu'il puiſſe reſter aucun doute ſur ſon utilité.

Et d'après tant d'autorités, on pourra conclure que le Canal de jonction n'eſt point un ſimple débouché de ſupplément ; qu'il eſt, au contraire, dans l'intérêt public, un débouché important & néceſſaire, un débouché de conſéquence, un débouché utile qui doit procurer au commerce quantité d'avantages ; que ce Canal eſt une branche très-preſſante de la navigation du Canal Royal, puiſqu'il lui procurera une navigation ſûre, & à couvert de toute ſorte d'obſtacles, puiſqu'il évitera au commerce les préjudices & les pertes qui ſont la ſuite néceſſaire & trop fréquente des orages & des difficultés perpétuelles qu'éprouve la navigation du Canal Royal, puiſqu'il aſſure cette circulation facile de laquelle dépendent toujours l'abondance & la richeſſe du commerce.

Enfin que plus la navigation du Canal Royal eſt précieuſe, plus celle du Canal de jonction doit l'être auſſi, parce que cette derniere navigation aſſure la continuité & la ſolidité de celle du Canal Royal., & parce que cette jonction doit être le point de perfection du Canal Royal.

Le ſecond reproche que l'on fait encore ici au tiers Expert de propoſer ſérieuſement de ſoumettre la continuité de la navigation des deux Mers à l'attention & à l'intelligence d'un homme dépendant de la ville de Narbonne, n'eſt pas mieux fondé que le précédent.

Les Vérificateurs n'ont eu qu'un ſeul point à examiner, ſur lequel ils devoient leur rapport au Conſeil ; ſçavoir, ſi le Canal de Narbonne pouvoit préjudicier à la navigation du Canal Royal, & leur miſſion ſe bornoit à ce point.

Ils ont, en conſéquence, répondu unanimement à la requiſition qui leur fut faite de la part de MM. les Propriétaires, de s'expliquer ſur la manutention des eaux des deux Canaux, par des employés qui ſeront étrangers à l'un & à l'autre,

OBSERVATIONS.

le moyen des eaux de l'Aude, comble-t-elle l'étang de Sijean par les dépôts que l'attraction du courant enleve de son lit. Ces faits sont connus, certains & sous les yeux de toute la Province, & c'est la réponse à l'article ci-joint. Les Propriétaires du Canal ont toujours demandé que l'on vérifiât ce fait important; pourquoi n'a-t-on jamais voulu les écouter, puisqu'il décidoit la question sur la qualité des eaux de l'Aude?

RÉFLEXIONS.

qu'ils se réservoient sur cet objet particulier, *d'indiquer au Conseil seulement, s'ils en sont réquis, un moyen simple & sûr de l'exécuter sans embarras.*

Ainsi en convenant de la nécessité des mesures à prendre pour la manutention des eaux, les trois Experts ont déclaré qu'il étoit aisé de les concilier, & de calmer les allarmes de MM. les Propriétaires.

Où est d'ailleurs le grand inconvénient d'obliger le garde de la vanne de la rigole de Trebès, de la calfater à chaque inondation avec de la mousse, ou de l'étoupe, pour demeurer ensuite oisif pendant huit jours? En relevant l'injonction de cette clause, l'a-t-on considérée comme une attention minutieuse de la part du tiers Expert, ou comme un acte du service du gardien sujet à une grande difficulté? Dans le premier cas, cette attention ne méritoit pas d'être mal reçue; & dans le second, il falloit énoncer l'inconvénient; la réponse n'eût pas coûté un grand effort.

La vanne de cette rigole prétendue inutile par toutes les raisons rapportées dans l'Observation à laquelle on répond, pour empêcher les dépôts de la riviere d'Aude d'entrer dans le Canal Royal, n'en est pas moins un obstacle très-réel à cette introduction quand elle est fermée, comme le sont toutes celles des rigoles qui portent des eaux dans le Canal, puisqu'elle ne doit être levée que quand les eaux de cette riviere seront claires, & c'est un fait notoire qu'elles le sont après ses crues, comme celles des rivieres de Cesse, Argendouble, Orbiel, &c; mais voici la différence essentielle qui se rencontre entre la rigole de Trebès & celles citées dans cette Observation : c'est que le radier de sa vanne devant être élevé de dix-huit pouces pour opérer la pente nécessaire vers le Canal Royal, suivant le nivellement de M. Thierry; cette élévation procure un emplacement pour les dépôts de l'Aude, & ce n'est que dans le seul cas ou on laisseroit ces dépôts s'élever au niveau de ce radier, que les eaux, quoique claires, roulant dessus pour s'introduire dans la rigole, les y entraîneroient nécessairement en partie; mais ces dépôts se trouvant encaissés entre la digue & les bords de l'Aude à une hauteur inférieure à celle du radier, jamais les eaux claires ne les ébranleront en entrant dans la rigole; puisque l'on voit dans tous les pays, des rivieres rouler les eaux les plus claires sur un fond de vase très-profond. D'ailleurs on n'attendra pas que ces dépôts s'accumulent pour les vuider par des épanchoirs pratiqués à la digue dans le lit inférieur de la riviere; au lieu que le fond des autres rigoles du Canal Royal affleurant celui de ce Canal, il est impossible, malgré les précautions dont parle l'Observation à laquelle on répond, que les eaux de ces rigoles ramenant de loin le petit sédiment de ce fond que leur vuidange par les épanchoirs, quand elles sont troubles, n'emporte jamais parfaitement, n'entrent d'abord & pendant quelque intervalle de tems, mêlées d'un peu de limon dans le Canal Royal. C'est ici un effet de position que l'art ne peut sauver, & qui ne sçauroit avoir lieu à la rigole de Trebès. Que faut-il donc pour tranquiliser sur cela MM. les Propriétaires? Pourroit-on raisonnablement croire, après l'explication que l'on vient de donner, que l'introduction des eaux claires de la riviere d'Aude dans le Canal Royal y formera des dépôts?

Cette explication devient même une démonstration, si on veut bien faire attention à la continuité & à la folidité de la navigation de la robine de Narbonne, & de l'étang de Sijean.

On voiture annuellement par cette Robine & par cet étang, environ cent mille feptiers de grains & douze cent piéces de vin, depuis Narbonne jufqu'au grau de la nouvelle; on voiture annuellement par la même voie environ quatre-vingt mille minots de fel, depuis les falines de Sijean & de Peyriac, jufqu'aux entrepôts de Narbonne; on voiture encore tous les ans foixante mille minots de fel, depuis Narbonne jufqu'au Gaillousty.

Tous ces faits atteftés par des régiftres publics, ne prouvent-ils pas évidemment la continuité de la navigation de la robine de Narbonne, ne prouvent-ils pas que les eaux de l'Aude ne portent pas leurs dépôts, dans l'étang de Sijean, puifque cet étang n'a jamais ceffé d'être navigable depuis les Romains jufqu'à préfent, & que la navigation s'y entretient par elle-même, fans aucune forte de réparation ni d'entretien ?

Une expérience fi longue, fi conftante, fi bien prouvée, ne détruit-elle pas fans reffource toutes les allégations de MM. les Propriétaires ? Pourquoi donc fe plaignent-ils encore de ce qu'on n'a pas voulu vérifier ces faits ? Pourquoi demandent-ils encore qu'on les vérifie ?

On répondra à leurs plaintes avec le fieur Bourroul leur Expert, que l'examen de ces faits étant étranger à la vérification ordonnée par l'Arrêt du 19 Juillet 1757, les Experts n'ont pu ni du y procéder.

On répondra à leur demande qu'ils font irrécevables à la former, parce qu'ils avoient oppofé ce même moyen dans le cours des inftances jugées par l'Arrêt du 19 Juillet 1757, & qu'ils en ont été déboutés par cet Arrêt.

On leur répondra qu'il ne s'agit plus aujourd'hui que de juger fi la jonction peut préjudicier à la navigation du Canal Royal, & que les envafemens de la robine de Narbonne, le comblement de l'étang de Sijean, quand même ils exifteroient, étant totalement étrangers à la navigation de ce Canal, & à la difpofition précife de l'Arrêt qu'on vient de citer, il n'en doit plus être queftion.

EXTRAIT DU RAPPORT.

Le fecond inconvénient qu'oppofent MM. les *propriétaires* du Canal Royal à cette introduction, eft la crainte que tout ouvrage de défenfe à l'entrée de la prife des eaux de l'Aude, fut-il folide en apparence, n'en fut renverfé ainfi que l'éclufe de Mouffoulent; & qu'alors ces eaux entrant avec impétuofité dans le Canal Royal, n'y caufaffent un débordement, ouvriffent des bréches à fes terreins, interrompiffent fa navigation, fiffent perdre auxdits Seigneurs Propriétaires le fruit des foins qu'ils employent pour le tenir en bon état, & emportaffent peut-être une éclufe comme un fimple ravin a fait cette année, en entrant brufquement dans la retenue d'arriéges dont l'éclufe a été ifolée par les éboulemens, au point que l'on peut regarder comme un miracle qu'elle fubfifte.

Il y a trois points dans cette obfervation, qui méritent d'être examinés féparément. 1° Celui de la folidité des ouvrages de défenfes qui feroient faits à l'entrée de la prife d'eau; nous convenons que, fi ces ouvrages n'étoient folides qu'en apparence, ils pourroient être ébranlés, même renverfés par les grandes inondations de la riviere d'Aude; mais MM. les Propriétaires ne doivent pas le fuppofer, & non-feulement on peut faire les ouvrages dont il s'agit d'une folidité à l'épreuve de toutes les fureurs de l'Aude, mais leur pofition feule les en garantiroit (5). La tête

OBSERVATIONS.

(5) *On ne doute pas que M. Gendrier n'ait ordonné la construction de plusieurs ouvrages de maçonneries solides dans des rivieres sujettes aux inondations ; mais les Propriétaires du Canal, qui n'ont à lui opposer que leur expérience, sçavent que les ouvrages construits avec les précautions les plus exactes, sont sujets à être sappés par les inondations, lorsqu'ils sont placés sur le bord d'une grande riviere. Ainsi se sont écroulées les deux chaussées de Cesse & les murs à pierre séche, bâtis le long de cette riviere, en 1740. Ainsi la pile du Pont-Rouge, près des épanchoirs de Béziers, a-t-elle été presque renversée l'année derniere, & doit-elle être refaite cette année ; ainsi les épanchoirs de la riviere de Béziers & les murs à pierre séche qui la bordent, ont-ils été renversés ; & quand même ils s'en trouveroit qui subsistassent dans cette position, on ne pourroit en conclure que ceux dont il est question, eussent le même sort : il faudroit sçavoir ce qui se passe sous l'eau près de leurs fondations à chaque inondation ; le même ingénieur, (M. de Niquet,) a établi la derniere chaufsée de Cesse & la chaussée du Gailloussi : la premiere a été ren-*

RÉFLEXIONS.

(5) Il s'ensuivroit de tout le détail de cette Observation, qu'il n'est aucun moyen connu d'assurer la solidité d'un ouvrage contre les effets des eaux courantes, si l'expérience ne prouvoit par-tout le contraire. Il est de principe que les effets sont proportionnés aux causes, & les exemples de destruction des ouvrages cités ci à côté, ne prouvent autre chose, sinon que leur construction n'avoit pas un degré de solidité & de résistance supérieur à l'effort des eaux qui les ont renversés. A ce premier vice, si l'on joint le défaut d'attention à veiller aux affouillemens que font les eaux courantes au pied des Ouvrages fondés dans leur lit, ou à leurs bords, il est encore certain que la fondation de ces Ouvrages se trouvant ruinée par leur effet successif, ils culbuteront nécessairement ; mais la crainte de ce vice & de cette inattention peut-elle devenir un prétexte raisonnable d'opposition à la construction de la rigole de Trebès ; & une expérience qui ne prouve rien contre cette solidité que l'on ne veut pas admettre, répond-elle effectivement à la théorie du tiers Expert ? Dans le principe de MM. les Propriétaires, ils ne devroient pas jouir d'une heure de tranquillité sur la conservation des Ouvrages admirables du Canal Royal ; & l'Etat devroit supprimer la construction de tant de ponts, murs de quai, digues & chaussées qu'il ordonne tous les jours, pour rendre de plus en plus florissant le commerce & l'agriculture.

La solidité de la théorie du tiers Expert est d'ailleurs prouvée par l'expérience des Ouvrages même du Canal de Narbonne.

La chaussée & l'écluse de Mousfoulens construites dans le lit même de la riviere d'Aude, opposées au choc direct de ses eaux, ont-elles été jamais renversées ?

L'inondation même de 1756, dont les eaux passerent par-dessus cette écluse, la détruisit-elle ? La

K

de la rigole étant fermée par un mur épais, révêtu de pierre de taille à son parement du côté de cette riviere, & bien conſtruit avec des retours dans les terres élevées qui la bordent, ſeroit d'autant plus inébranlable, que ce mur placé dans la direction du bord de l'Aude, & ne recevant aucun choc (6) direct de ſes eaux, n'auroit à en ſupporter que le poids & le frotte-ment, & l'ouverture de la rigole pratiquée dans ce mur ſur ſix pieds de largeur & cinq de hauteur ſeulement, ne préſente-roit pas une ſurface aſſez grande, pour qu'une forte vanne qui la fermeroit bien, arrêtée par le bas & par les côtés dans ſes feuillures, pût auſſi en ſouffrir. Ce ſeroit un détail ſuperflu que nous fournirions néanmoins au beſoin, de marquer toute la ſoli-dité que l'on peut donner aux terriers de la rigole, par la dou-ceur de leurs glacis & les perrés (7) dont il faudroit les revêtir dans une certaine longueur, à la ſuite des ouvrages de défenſes de la tête de cette rigole. Le ſecond point de l'obſervation de MM. les Propriétaires a pour objet l'effet d'un débordement de l'Aude ſur l'écluſe de Mouſſoulens, & ce fait n'eſt point du tout de l'eſpece de celui que nous venons de traiter : une cruë a emporté un des venteaux de cete écluſe (8) de vingt ans de ſervice, & pourri de vétuſté ; le cas n'eſt pas extraordinaire ; mais la maçonnerie de l'écluſe, qui ſe préſente de front au cou-rant de l'Aude, n'en a reçu aucun échec, pas même en 1756, où l'inondation la ſurmonta de plus de quatre pieds; & le troi-ſieme point eſt à-peu-près du même genre, en ce qu'il ne rap-porte que des éboulemens de terre autour d'une écluſe de la retenue d'ariéges, & non de la deſtruction de cette écluſe par l'effet du ruiſſeau dont parle la requiſition.

Le troiſieme inconvénient qui touche MM. les Propriétaires, eſt celui de l'inattention que pourroit avoir le Gardien étranger au Canal, à qui ſeroient confiés les ouvrages de défenſe de la rigole à en fermer la vanne à l'inſtant de l'arrivée des cruës de l'Aude, en ſorte qu'une pierre ou un arbre entraîné par la ri-viere, l'en empêchât en ſuite; d'où il arriveroit que le Canal & le commerce en recevroient un dommage conſidérable. La requi-ſition ajoûte qu'une inondation extraordinaire renverſeroit les ouvrages de défenſe & ſurmonteroit les digues de la rigole; & qu'au ſurplus, ſi on parvenoit à éviter la furie de l'Aude, il n'en ſeroit pas moins vrai, qu'après chaque inondation, la priſe de l'Aude apporteroit dans le Canal tout le limon qui ſe ſeroit dé-poſé dans ſon cours, ou devant ſes portes, ainſi qu'il arrive dans la retenue au-deſſous de la riviere d'Ognon, & que les envaſe-

verſée , & la deuxieme ſubſiſte encore ; n'étoit-on pas dans le cas de les garantir également toutes les deux ? L'expérience répond donc à la théorie du ſieur Gendrier, qu'il n'eſt pas poſſible de garantir la durée de l'Ouvrage de défenſe qu'il projette à la tête de ſa rigole , à moins de le conſtruire ſur des meſures ſi conſidérables & avec une ſi grande dépenſe, qu'elle ne ſeroit plus en proportion avec les avantages du Canal de Narbonne.

chauſſée en reçut-elle quelque dommage ?

L'expérience répond donc à l'obſervation de MM. les Propriétaires, que les Ouvrages conſtruits non-ſeulement ſur les bords , mais dans le lit même des grandes rivieres, des rivieres ſujettes aux inondations , réſiſtent aux efforts de l'eau, lorſqu'on leur a donné le degré de ſolidité néceſſaire, que n'avoit ſûrement pas le mur du quai de la Ville de Narbonne renverſé par l'inondation de 1766.

C'eſt, au ſurplus, au Conſeil à examiner ſi la Ville de Narbonne eſt en état de fournir ou non à la dépenſe des Ouvrages ſolides qui peuvent s'exécuter , pour aſſurer la conſervation de la digue , & de la rigole de Trebès , mais on ne doit pas ſe les repréſenter comme un objet immenſe ; & cet Examen, qui n'étoit pas du reſſort des Experts, n'intéreſſe pas MM. les propriétaires.

(6) Ce ne ſera point le choc des eaux qui ébranlera les Ouvrages de défenſes placés latéralement ; ce ſera leur ſubmerſion qui en délayera les mortiers & la maçonnerie, ainſi que les terres qui les ſoutiendront ; ce ſeront des cavités qui ſe formeront petit-à-petit ſous les fondations ; c'eſt ainſi que les ouvrages les plus ſolides placés le long des grandes rivieres , ſont ſujets à des accidens très-imprévus lors de leur conſtruction ; & le commerce ſera dépendant de cet événement ? Les Propriétaires du Canal ſont trop citoyens , pour y conſentir jamais : leur indemnité pourroit être aſſurée ; mais où ſeroit celle du commerce ?

(6) La ſubmerſion des Ouvrages d'eau eſt le moindre des inconvéniens qu'ils ayent à éprouver de l'effet des crués des rivieres quand la maçonnerie en eſt bien faite & bien jointoyée en ciment. Ni les mortiers ni les terres ne ſe délayent alors ; ainſi la ſuppoſition de ces accidens n'eſt pas admiſſible à l'égard d'un ouvrage ſolide, bien conſtruit & bien entretenu.

(7) Ces Perrés ſeroient une continuation de chauſſée, qui, étendant auſſi l'interruption du cours des eaux , cauſeroit dans la partie ſupérieure des gonflemens funeſtes pour les champs

(7) MM. les Propriétaires n'ont pas entendu , ſans doute , que ces Perrés ne ſont autre choſe que le revêtement des glacis de la rigole, du côté de la riviere, dreſſés ſur une pente très-douce , en gros quartiers de moilon brut poſé en bonne liaiſon , juſqu'à trois pieds en contre-bas du pied de ces glacis , pour

mens qui en réfulteroient, occafionneroient des recreufemens plus
fréquens, qui retarderoient l'ouverture du Canal Royal, ainfi
que, de celui de jonction. Notre réponfe à tous ces détails eft,
1° que la manutention du fervice de la vanne de la rigole de
Trebès, ne feroit pas plus expofée à l'inattention de fon gardien,
que celle du Canal Royal; que par-tout où l'on employe des
hommes de cet état, il faut s'attendre à des inattentions de leur
part, quelquefois même à des prévarications; mais que fi la pré-
vifion d'un inconvénient, feulement parce qu'il feroit poffible,
devoit fuffire pour arrêter l'exécution des projets de l'efpece
de celui-ci, aucun projet utile n'auroit lieu, & que le Canal
Royal même n'auroit pas été conftruit. (9) Au furplus, voici un
moyen pour parer à cet inconvénient; c'eft pendant la nuit fur-
tout, que la rigole pourroit être expofée à recevoir des eaux
troubles d'une crue fubite de l'Aude, on impoferoit au gardien
de fa vanne, pour premiere condition de fon fervice, de la baiffer à fond tous les foirs à neuf heures en été, & de la lever à
quatre heures du matin; & en hiver de la baiffer de même à
cinq heures & de la lever le lendemain matin à huit heures.
(10) On a vû ci-deffus, le volume d'eau énorme que fourniroit la vanne par chaque révolution de vingt-quatre heures ;
ainfi il feroit fort aifé d'en tirer pendant dix-fept heures en été,
& neuf en hiver, le remplacement d'eau néceffaire pour fournir
avec les eaux de la riviere de Ceffe à la dépenfe du Canal de
jonction; ce remplacement n'étant que de 4097 toifes 1 pied
9 pouces cubes, il y auroit même deux moyens pour l'opérer; le premier de tenir la vanne de la rigole levée en hiver,
& en été à la hauteur convenable, pour faire durer fon écoulement dans la retenue de Trebès jufqu'aux heures de la fermeture de cette vanne, ou, ce qui feroit bien plus court, de la tenir levée en entier à la hauteur de trois pieds fix pouces, que
doit avoir l'eau à l'entrée de la rigole, à l'inftant qu'elle feroit
levée le matin pendant l'efpace de 49 minutes qu'elle fourniroit
le volume de remplacement & quelques pieds de plus; & comme
nous avons reconnu par les dimenfions des empellemens de quelques Eclufes du Canal Royal, que les deux de chaque porte
étant levés en entier, contiennent le même volume d'écoulement
que la vanne de la rigole, à quelque chofe près, en ordonnant
aux gardes des éclufes depuis & compris celle de Milpetit, jufques & compris celle d'Argens, de lever & de baiffer à fond
lefdits empellemens aux mêmes heures qui viennent d'être indi-
quées pour la vanne de la rigole de Trebès, le fervice du rem-

Observations.

de Trebès, pour la Ville de ce nom, & pour l'aqueduc d'Orbiel, qui seroit en grand danger. Voyez la deuxième Planche du Mémoire.

(8) *Certainement il n'étoit pas de l'intérêt de la Ville de Narbonne de laisser emporter un des venteaux de cette écluse, puisqu'elle a pensé voir ruiner un nombre considérable de maisons dans le centre de la Ville même, par cet accident : on ne peut croire qu'elle portera aux Ouvrages de Trebès plus d'attention qu'à ceux de Moussoulens; ainsi c'est avec raison que l'on doit craindre d'exposer le Canal à cette dangereuse sujetion.*

(9) *Il n'y auroit qu'une nécessité bien pressante qui pût engager à exposer le Canal aux inattentions & prévarications dout il est question. La comparaison que M. Gendrier fait du Canal des deux Mers, avec*

Réflexions.

empêcher les eaux des cruës de les dégrader, & qu'ainsi ce n'est point une continuation de chaussée qui, étendant aussi l'interruption du cours des eaux, puisse causer les effets expliqués dans cette Observation.

(8) MM. les Propriétaires, en relevant l'inattention de la Ville de Narbonne à l'égard de l'écluse de Moussoulens, & les événemens auxquels l'accident dont il s'agit ici, pouvoit donner lieu dans le centre de la Ville même, conviennent donc,

1° Que les eaux n'ont emporté un des venteaux de cette écluse, que parce qu'il avoit vingt ans de service, & qu'il étoit pourri de vétusté;

2° Que ce n'est qu'à cet accident qu'il faut attribuer les ravages que les eaux auroient faits dans la Ville de Narbonne.

Donc si les venteaux de l'écluse de Moussoulens avoient été en bon état, les eaux n'en auroient emporté aucun; donc les eaux n'auroient point causé des ravages dans la Ville de Narbonne; donc ce n'est point à la force des eaux de la riviere qu'il faut attribuer la perte d'un des venteaux de l'écluse, & les ravages qui auroient pu en être la suite.

Mais peut-on inférer d'un seul exemple d'inattention, une négligence continuelle? La décision seroit trop rigoureuse, & la différence d'intérêt pour la Ville de Narbonne, doit être à MM. les Propriétaires du Canal, un sûr garant qu'elle ne négligera certainement pas la sûreté de la navigation de son Canal & de tous les ouvrages qui seront à sa charge.

(9) Il ne faut risquer contre tout Ouvrage utile aucun hazard démonstrativement irréparable; &, suivant ce principe, le Canal de Narbonne pourroit être assimilé au Canal Royal; mais il n'est ici question que d'un hazard dont la possibilité ne doit pas plus exclure la construction d'un grand Ouvrage que d'un plus médiocre.

placement fe feroit avec promptitude comme fans embarras; & ce petit détail répond à la difficulté expofée dans la requifition de MM. les Propriétaires du Canal Royal, du 20 Oƈobre der- nier, par laquelle ce remplacement eſt cenſé ne pouvoir être fait qu'en élevant les terriers du Canal & fes épanchoirs à fleur d'eau; cequi n'auroit jamais lieu au moyen de la manutention propofée, d'autant plus facile dans le Canal, que la régularité de celle qui s'y obferve, ne fouffre aucune atteinte, & qu'elle eſt autant l'ouvrage de l'adminiſtration attentive qui la régle, que des foins & de l'autorité de MM. les Direƈteurs à tenir le Canal dans le meilleur état, à faire couper les joncs qui y croiſ- fent, & à rétablir fur le champ le moindre joint des ouvrages de maçonnerie dont les mortiers font tombés. (11) Les eaux du Canal auroient un petit cours infenfible pendant 49 minutes, en fe foutenant à leur niveau déterminé depuis la retenue de Trebès jufqu'à la grande retenue; & il ne feroit befoin d'aucun ouvrage nouveau pour faciliter le remplacement des eaux. 2° Nous avons obfervé ci-deſſus, qu'avec la précaution de bien baiſſer à fond la vanne de la rigole de Trebès, & de fermer fes pertes d'eau avec de l'étoupe ou de la mouſſe, il n'entreroit au- cunes eaux troubles dans le Canal Royal; & nous ajoûtons que le niveau du radier de l'entrée de la rigole où feroit placée la vanne, devant être de 18 pouces plus élevé que le niveau des eaux ordinaires de l'Aude, le limon fe dépoferoit dans cette ri- viere, & qu'il n'y auroit tout au plus qu'un intervalle de huit à neuf pieds de longueur depuis le parement du mur, dans lequel la rigole feroit ouverte, jufqu'à la vanne où il y auroit du dé- pôt, qu'il feroit facile au Garde-vanne de pouſſer avec un balai dans la riviere avant d'ouvrir cette vanne. (12) 3° Qu'en con- féquence de ces précautions la crainte de MM. les Propriétaires du Canal Royal fur les dépôts, devant être diſſipée, l'exemple de ceux que la riviere d'Ognon introduit dans le Canal au-deſ- fous de fes portes de défenfe, ne doit plus être cité, & qu'il n'y a d'ailleurs aucune parité entre cette introduƈtion, & celle que l'on fuppofe pouvoir avoir lieu par la rigole de Trebès, attendu que la premiere eſt forcée & inévitable, par la néceſſité d'ouvrir chaque jour les portes de défenfe au-deſſous de la ri- viere d'Ognon, pour le paſſage de 12 à 15 barques, qui mon- tent & defcendent le Canal, pendant lequel (quelque court qu'il foit (les eaux troubles de cette riviere s'introduifent dans la retenue, & y font de longues traînées que nous avons remar- quées; (13) effet qui ne pourroit avoir lieu dans la retenue de Trebès par la rigole qui y aboutiroit.

celui que la *Ville de Narbonne* demande, ne semble pas bien exacte ; & l'on pouvoit risquer bien des hazards pour établir la communication des *Mers*, que l'on ne devroit pas risquer pour un objet de moindre importance, sur-tout si ces hazards devoient attaquer cette même comunication.

(10) *Quels soins ne faut-il pas se donner pour faire exécuter les réglemens les plus simples ? Toute l'autorité de la discipline militaire & civile peuvent à peine y réussir ; & M. Gendrier se flatte que le Gardien de la vanne, qu'il propose, suivroit ses sages intentions : il juge des autres par lui-même ; mais on peut être aussi certain de l'inexactitude du Garde, dans un pays où le vin est à aussi bon compte, que de la droiture des vues de celui qui cherche à lever tous les obstacles du Projet de Narbonne. Cette vanne seroit non-seulement un objet de discussion continuelle, mais encore elle assureroit au Canal un envasement inévitable, dût-on ne l'ouvrir que lorsque les eaux seroient claires comme du crystal ; la* pente de la rigole & son attraction conduiroient bientôt dans le Canal le limon déposé derriere la chauffée après

(10) On convient que c'est à force de soins, & à l'aide d'une vigilance continuelle, que la manu-tention du service du Canal Royal peut se faire avec la régularité qui s'y observe, & que celle du Canal de Narbonne ajoûtera nécessaire-ment à ces soins & à cette vigi-lance. Mais en se référant sur cela à ce qui a été observé dans la Ré-ponse ci-dessus à la 4e Observa-tion, cette augmentation de soins seroit-elle un moyen suffisant pour abandonner le projet du Canal de jonction ? C'est au Conseil du Roi & non aux Experts à décider cette question. Il se feroit, sans doute, des dépôts de limon au derriere de la rigole de Trebès, si, en la construisant ainsi que la digue, on ne prenoit aucune mesure pour les vuider. Il n'est pas douteux non plus que ces dépôts surmontant le niveau du fond de cette rigole ; à chaque levée de la vanne, les eaux de l'Aude supposées claires comme du crystal, ébranlant ce limon au moment de leur entrée dans la rigole, n'en introduisissent dedans ; mais on a fait voir ci-dessus que l'on peut vuider aisément ces dépôts : MM. les Propriétaires offrent eux mêmes sur cela des res-sources à l'imagination, par tous les ingénieux ouvrages qu'ils inven-tent continuellement pour garantir le Canal Royal des ensablemens. Ainsi les dépôts de limon de la ri-viere d'Aude n'étant plus arrêtés au derriere de la digue, lorsque

Extrait du Rapport.

Le quatrieme inconvénient qui allarme MM. les Propriétaires du Canal Royal, eſt l'interruption de la navigation des deux Canaux, par l'abaiſſement ſubit des eaux de la grande retenue, tant par les effets, qui ſuivant leurs principes, doivent réſulter de l'introduction des eaux de la riviere d'Aude dans le Canal Royal, & que nous croyons avoir démontré ne pouvoir avoir lieu, que parce que les ſources qui fourniſſent au Canal ſeroient en pénurie dans le même tems où les eaux de l'Aude ſeroient troubles, & ne pourroient par conſéquent être introduites dans le Canal Royal; voici notre réponſe à cette obſervation. Nous ſuppoſons qu'il arrivera deux crües dans la riviere d'Aude, chacun des mois de l'année, & que chacune de ces crües tiendra les eaux troubles pendant huit jours; on ne pourra donc faire l'introduction des eaux claires de cette riviere dans le Canal Royal, que pendant quinze jours de chaque mois. Suivant le Procès-verbal de réception des ouvrages du Canal Royal, de M. Dagueſſeau, Intendant de Languedoc, du 13 Juillet 1684, la grande retenue de ce Canal, où doit aboutir le Canal de jonction à 30780 toiſes de longueur ſur 10 toiſes de largeur & ſix pieds de profondeur; de cette largeur nous retrancherons deux pieds pour tenir lieu de celle moindre de dix toiſes, qu'a la retenue dans ſes parties excavées dans le rocher & aux paſſages, tant des aqueducs que des ponts de communication pour les chemins, qui traverſent le Canal; enſorte que la longueur de cette retenue, toiſée par neuf toiſes quatre pieds de longueur & un pouce de hauteur, produit 4132 toiſes trois pieds cubes d'eau, c'eſt-à-dire le volume & quelque choſe de plus des eaux à tirer de l'Aude par la rigole de Trebès, pour aller avec celle de la riviere de Ceſſe, former le cube total de la dépenſe du Canal de jonction par vingt-quatre heures. Nous avons ſuppoſé ci-deſſus deux crües de l'Aude par mois, qui tiendront chacune ſes eaux troubles pendant huit jours; ainſi la grande retenue, pendant les huit jours que la rigole de Trebès ſera fermée, baiſſera de huit pouces, & cette rigole lui devra à l'expiration de ce terme huit fois 4132 toiſes 3 pieds cubes d'eau, qu'elle ne lui aura pas fournis, ou 33060 toiſes cubes qu'elle remplacera dans l'eſpace de 6 heures 32 minutes. La cale ou profondeur d'eau, que prennent les barques de 12 à 1300 quintaux, eſt trois pieds quatre pouces & demi; nous la portons à quatre pieds pour celle de 15 à 1600 quintaux, à quoi ajoûtant huit pouces pour le décroiſſement des eaux de la grande retenue, pendant les huit jours que la rigole de Trebès ne lui fournira point, produit quatre pieds huit pouces; enſorte, qu'à

l'inondation

OBSERVATIONS.

l'inondation précédente ; telle est la régle invariable de toutes les chauffées, de toutes les vannes & de toutes les rigoles du Canal depuis un fiécle qu'il exiſte.

(11) *La juſtice que M. Gendrier veut bien rendre à l'adminiſtration du Canal, augmente le regret des Propriétaires d'être obligés de contrarier ſes opérations ; mais elle donne auſſi bien de la force à leurs raiſons : fondés ſur une expérience longue & réfléchie, ils ſont obligés de défendre la cauſe du Canal & du Commerce par devoir & par honneur ; & ils ne demandent autre choſe que la vérification de tous les faits qu'ils avancent.*

(12) *Un Garde, en vérité, ne pourroit ſuffire à l'exactitude indiſpenſable de toutes les* fonctions dont il feroit chargé ; mais celle-ci feroit bien inutile : ce ne feroit jamais le limon amaſſé fur le radier de l'entrée de la rigole, qui pourroit combler le Canal ; c'eſt celui qui feroit dans le lit de l'Aude, au-devant de ce radier, qui pourroit, felon certaines inondations, le furmonter de pluſieurs pieds ; car les eaux de la riviere dépoferoient toujours, après chaque inondation, fur le revers de la chauſſée, & quelquefois juſqu'au niveau de fon couronnement, qui feroit toujours plus élevé que le radier dont il eſt queſtion : or ce dépôt entreroit infailliblement dans le Canal à l'ouverture de la vanne qui feroit à l'extrémité de la chauſſée, & il eſt impoſſible d'en apprécier ni le volume ni les effets. On voit combien le foin du Gardien à balayer le radier deviendroit inutile dans cette circonſtance.

(13) *Il feroit aiſé de répondre à cette hypothèſe, que les*

RÉFLEXIONS.

les eaux feront véritablement claires, il feroit bien difficile de prouver qu'elles puiſſent dépoſer dans le Canal Royal.

(11) Ce n'eſt point contrarier les opérations d'un Expert que d'oppoſer à ſes principes une expérience longue & fuivie, c'eſt l'inſtruire ; mais pour le convaincre par cette expérience, il faut admettre dans les moyens, les inconvéniens, les obſtacles, &c. qu'elle lui oppoſe, & ceux d'après leſquels il part, une conformité qui ne ſe rencontre point ici. Rien n'eſt plus louable que le zèle de MM. les Propriétaires pour la défenſe de la cauſe du Canal & du Commerce ; mais doit-on foupçonner qu'elle tienne moins à cœur à un Expert qui n'a d'ailleurs dans cette défenſe d'autre intérêt que celui du bien public ; intérêt unique, qui a dicté ſa théorie & les conſéquences qu'il en a tirées, qu'on peut croire fuffifamment démontrées par tant d'opérations qui tendent toutes au même but ?

(12) La Répoſe ci-deſſus à la 10ᵉ Obſervation explique les moyens de parer aux inconvéniens expoſés par celle-ci.

(13) Les effets de ce comblement & de ces traînées, font tout naturels, ſans explication, mais

M

cette époque il resteroit encore sous les plus fortes barques 16 pouces de hauteur d'eau pour naviger. Il est donc clair par toutes ces observations, que le baissement des eaux de la grande retenue, occasionnée par la prise qui y seroit faite de celles nécessaires à la navigation du Canal de jonction, ne pourroit empêcher ni suspendre la navigation du Canal Royal, (14) & que s'il n'avoit lieu que par la pénurie des sources, qui l'approvisionnent pendant les plus grandes sécheresses de l'année, l'inconvénient qui en résulteroit, seroit commun aux deux Canaux; mais la destination spéciale du réservoir de S. Ferriol étant de fournir de ses eaux, lorsque les rivieres & rigoles dont les eaux entrent dans le Canal Royal commencent à manquer, il seroit toujours une ressource assurée dans ces tems de sécheresse ; (15) nous pensons même que si, au moyen de la manutention indiquée ci-dessus à faire, pour introduire dans le Canal Royal les eaux de la rigole de Trebès, au moyen de la levée & de la fermeture de la vanne de cette rigole & des empellemens des portes des écluses de ce Canal, on vouloit un peu forcer le volume des eaux de remplacement, la grande retenue sans ce secours se soutiendroit toujours pleine, & en état de fournir abondamment aux deux navigations pendant les tems les plus secs; mais de quelle utilité sur-tout ne seroit point la rigole de Trebès aux approches de la foire de Beaucaire, pour assurer à point nommé le passage des barques, qui y portent des marchandises, ainsi qu'à l'époque de l'ouverture du Canal Royal au 25 Septembre, pour celui des barques chargées pour la foire de Bordeaux ? Nous sommes persuadés que l'arrivée des eaux à Fonceranne seroit anticipée de trois ou quatre jours, comme nous pensons, que depuis le 15 Novembre de chaque année, jusqu'au premier Juin de l'année suivante, où les eaux sont très-abondantes dans le Canal Royal, cette rigole pourroit demeurer fermée. (16)

Enfin le cinquieme inconvénient, qui frappe MM. les Propriétaires du Canal Royal, est l'extrême élévation des grandes cruës de la riviere d'Aude, qui seroit encore augmentée, au moyen du regonflement causé par celle de la chaussée à établir, pour prendre ces eaux & les introduire dans le Canal Royal, sur quoi nous répondons qu'une digue, qui barre une riviere, ne la fait regonfler dans aucun tems, parce que les eaux courantes ne remontent point contre leur source; elle les fixe seulement de niveau sur une certaine étendue, & ne cause qu'une élévation passagere à laquelle il est aisé de remédier. La chaussée qui précède le pont de Trebès, est un batardeau, qui retient ces cruës;

traînées dont il est question, & qui font une triste préfomption des effets de la prife d'Aude, comblent le Canal avant l'ouverture des portes d'Ognon; mais ce fait importe peu à l'objet actuel.

(14) Les Propriétaires du Canal defireroient bien que ce calcul fût vrai ; car il fuppoferoit une égalité parfaite à la bafe du Canal, que deux orages peuvent déranger. En effet ces orages forment des ravines & des torrens, qui defcendans avec impétuofité des montagnes & collines qui bordent la grande retenue & tout le Canal en général, fe jettent dans fon lit par une infinité d'ouvertures ; &, malgré les contre-canaux, les aqueducs & les baffins, appellés cales, deftinés à recevoir le dépôt de ces ravines, il fe forme dans plufieurs endroits, après chaque orage, des éminences appellées tocs, que l'on ne peut enlever que lentement avec des fapines, ou feulement à la main, dans le tems des réparations ; ce n'eft que par la grande élévation d'eau que ces tocs n'arrêtent pas la navigation, & en cela les Propriétaires ont paffé leurs engagemens ; car ils ont donné dans bien des endroits huit pieds de profondeur à leur Canal, au lieu de

n'ont aucun rapport avec la rigole de Trebès, fa vanne étant toujours tenue bien étanchée.

(14) L'expérience ne détruit ici, en aucune façon, les calculs qui ont donné lieu à faire cette Obfervation, & MM. les Propriétaires font trop équitables pour fe faire, de l'événement de ces tocs, un moyen d'éloigner la conftruction du Canal de Narbonne ; car ils ne peuvent difconvenir que dans le cas du baiffement des eaux de la grande retenue à huit pouces au-deffous de fon niveau ordinaire ; fi ceux dont on n'enleve tout le maffif que lors des réparations du Canal, ne font trop élevés que de fix à fept pouces, pour empêcher la navigation des barques ; ce n'eft pas un grand inconvénient d'employer plus d'ouvriers pour draguer cette fur-élévation, afin qu'à cette hauteur d'eau, l'empêchement ne foit pas prolongé au-delà du terme ordinaire. Mais il y a plus ; c'eft que ce baiffement ne fera jamais de huit pouces, nonfeulement parce que la dépenfe du Canal de jonction a été outrée par les Experts dans les évaporations, filtrations & perte par les joints de fa premiere éclufe, comme on l'a obfervé ci-deffus, mais encore dans la mefure des eaux pour l'objet propre de la navigation ; car les Experts ont fuppofé le cas le plus favorable qui puiffe arriver à MM. les Propriétaires, & dont la Ville de Narbonne defire bien fincérement l'événement, fçavoir que cette navigation formera une nouvelle branche de commerce & une augmentation de barques, qui ne diminuera pas le nombre de celles qui naviguent fur le Canal Royal; & s'il arrive que cette augmentation de barques n'ayant pas lieu,

48

EXTRAIT DU RAPPORT.

on peut donc augmenter d'un tiers le débouché de ce pont par une addition d'arches, fans donner plus de largeur au lit de la rivière. Alors la vîteffe des eaux actuellement fufpendues pendant les inondations par le défaut de débouché, augmentant par la facilité d'un plus grand écoulement, l'effet de la digue à conftruire à la tête de la rigole de Trebès, fe trouvera efficace.
(17)
La dernière inquiétude, qui pourroit donc refter à MM. les Propriétaires fur l'introduction des eaux de l'Aude dans le Canal Royal, feroit leur pénurie lors des plus grandes féchereffes; mais cette rivière n'en manque jamais, de l'aveu de tous les Ingénieurs, qui ont fait les précédentes vérifications ; quand on fuppoferoit même qu'elle peut être réduite aux deux tiers du volume des eaux que prendroit la rigole de Trebès, c'eft-à-dire d'être contenues dans un efpace de fix pieds de largeur fur deux pieds quatre pouces de hauteur; le volume qu'elle fourniroit feroit encore fupérieur à celui que qu'elle devroit à la grande retenue après des crües de huit jours, pendant lefquels elle auroit été fermée. (18) *Signé* GENDRIER.

Et comme nous ne voulons laiffer fans réponfe aucune des requifitions des Parties, &c.

Nous tiers Expert, ayant pris communication des réponfes ci-deffus du fieur Expert de la Ville de Narbonne aux diverfes requifitions des Parties, auxquelles nous n'avions pas encore eu occafion de fatisfaire, ne pouvons en défapprouver le motif, qui tend à ne rien laiffer d'indécis dans le préfent Procès-verbal; & nous convenons en même tems avec le fieur Expert de MM. les Propriétaires du Canal Royal, que la plûpart de ces requifitions ne tenant point effentiellement à l'objet de notre vérification, elle auroit pû refter fans réponfe. *Signé* GENDRIER.

A l'égard des autres requifitions de MM. les Propriétaires du Canal Royal, auxquelles nous n'avons pas également répondu, & qui portent que nous nous expliquions, fçavoir fur la manutention des eaux des deux Canaux, par des employés qui feront étrangers à l'un & à l'autre; fur la vivacité du commerce qui fe fera par le Canal de jonction; fur la vifite du Canal de Narbonne depuis le Gailloufti jufqu'au port de la Nouvelle; l'examen des dépôts que la rivière d'Aude dont il eft abreuvé y accumule, le mauvais état du port, l'impoffibilité de le rendre meilleur à caufe de fa fituation; le comblement du débouché de Sainte Lucie, fa difficulté & celle du paffage des étangs de Bagez & Sigean, & enfin fur l'examen des dommages caufés par la rivière

fix

qu'il avoit originairement, encore n'eſt-ce pas aſſez après un orage. Si l'on diminuoit de huit pouces la hauteur de ces eaux, les barques ſeroient arrêtées plus fréquemment; car il arrive journellement qu'elles paſſent ſur les tocs à deux ou trois pouces d'eau, & qu'elles y toucheroient, ſi la retenue étoit baſſe de huit pouces. Il y a long-tems que les Propriétaires du Canal ont renoncé à des calculs ſéduiſans & trompeurs pour ſe ſoumettre à l'expérience. Il eſt de fait que, ſi la demande & le remplacement du Canal de jonction ne ſont pas combinés avec la plus grande juſteſſe, la navigation ſera ſouvent interrompue entre Béziers & Trebès. Les Propriétaires du Canal ne ſe relâcheront jamais ſur ce point, qui eſt dans les principes d'une bonne hydraulique pratique, & ils ſont d'avance leur proteſtation contre toute démarche contraire à ce principe.

(15) La deſtination du réſervoir de S. Ferriol eſt de fournir de l'eau au grand Canal, mais jamais à celui de Narbonne, ni à tout autre tel qu'il fût; c'eſt ſur cette réſerve qu'eſt fondée l'importante navigation des deux mers: ſi elle étoit employée à deux objets, elle deviendroit inutile, lorſque les

il ne paſſe ſur les deux Canaux que le même nombre de celles qui fréquentent aujourd'hui le ſeul Canal Royal, la dépenſe d'eau, pour la navigation des deux Canaux, demeurera la même que pour le ſeul Canal Royal, attendu qu'il eſt très-indifférent que la grande retenue fourniſſe alors à Cette & à Agde, ou à celles qui voudront ſe rendre au port de la Nouvelle. Elle ne ſera pas même ſi forte par le parallèle de ſa meſure pour chaque côté, ſi les barques, venant de la Méditerranée, préféroient ce dernier port aux deux autres, pour entrer dans le Canal Royal. Ainſi tout concourt au maintien des eaux dans la grande retenue à une hauteur plus que ſuffiſante pour la navigation des deux Canaux, & l'inconvénient des tocs, dont l'enlevement eſt d'ailleurs un objet d'entretien & de police, qui fait partie des obligations de MM. les Propriétaires, ne peut être cité comme un obſtacle à la poſſibilité de cette navigation.

(15) En ſuppoſant cette propoſition hazardée, quant à la difficulté d'entretenir les deux Canaux au moyen des eaux qui ſeroient tirées du réſervoir de S. Ferriol, en tems de ſéchereſſe, en eſt-il moins vrai, qu'en les laiſſant alors au ſeul Canal Royal, la rigole de Trebès fournit plus qu'abondamment celles néceſſaires à la Navigation du Canal de Narbonne?

EXTRAIT DU RAPPORT.

d'Aude dans le Canal de la robine de Narbonne, qui nous a été demandé par la requifition ci-jointe de M. Pin, du 4 du préfent mois de Décembre ; nous répondons que tous ces examens étant étrangers à la vérification qui nous eft commife, nous ne pouvons ni ne devons y procéder aux termes de l'Arrêt du Confeil du 19 Juillet 1757, (19) nous réfervant fur l'objet particulier de la manutention des eaux des deux Canaux, d'indiquer au Confeil feulement, fi nous en fommes requis, un moyen fimple & fûr de l'exécuter fans embarras. (20)
Signés BOURROUL, BAUDON & GENDRIER.

Avis de l'Expert de la Ville de Narbonne.

Et de tout ce qui a été dit ci-deffus, nous difons, &c.

Avis de l'Expert de MM. les Propriétaires du Canal Royal.

Nous Expert de MM. les Propriétaires du Canal de jonction des deux Mers, en nous réfumant, &c.

Avis du tiers Expert.

Le tiers Expert ayant pris communication des avis des fieurs Experts de la Ville de Narbonne, & de MM. les Propriétaires du Canal Royal, n'a pas trouvé dans le premier affez de détail pour lui fournir matiere à des obfervations, cet Expert concluant fimplement d'après fes opérations & fes principes, que le Canal de jonction peut être exécuté fans préjudicier à la navigation du Canal Royal; mais le fieur Expert de MM. les Propriétaires étant entré dans des difcuffions infinies, pour prouver le contraire, nous allons fuivre pied à pied fon Avis, examiner tous les points fur lefquels nous pourrions penfer différemment, & difcuter avec autant de clarté qu'il nous fera poffible, les objections, difficultés & inconvéniens qu'il trouve dans l'exécution du nouveau Canal.

L'indécifion des Vérificateurs, qui nous ont précédé fur la maniere, & les inconvéniens d'introduire les eaux de l'Aude dans le Canal Royal, eft le premier moyen qu'il employe pour profcrire cette introduction; mais que prouve-t-elle? finon qu'ils n'ont pas achevé leur ouvrage; & n'eft-il plus permis aujourd'hui de le tenter par des voies fûres ? Pour diminuer l'extrême élévation des eaux à l'aqueduc d'Orbiel en ouvrant la rigole de Trebès,

OBSERVATIONS.

RÉFLEXIONS.

grandes fécherefses obligeroient d'y avoir recours. Si M. Gendrier eût eu le tems d'examiner l'enfemble & l'ordre qui régne dans la diftribution des eaux du Canal, il n'eût pas hazardé cette propofition.

(16) S'il n'étoit pas de principe invariable de ne jamais introduire dans un Canal que l'on veut conferver, que des eaux claires, pures & d'un cours égal, on eût, fans doute, reçu les eaux de l'Aude dans la partie baffe du Canal; mais les mêmes raifons qui ont indiqué les dangers des eaux de l'Aude, que l'expérience confirme tous les jours, fubfiftent actuellement en leur entier; & il feroit d'une imprudence exceffive d'ouvrir les bords qui féparent le Canal de cette redoutable riviere, & de donner une pente à fes eaux dans le lit du Canal, tel avantage momentané que l'on pût en efpérer; car cet avantage feroit bientôt contre-balancé par des accidens très-fâcheux & très-fréquens qui en feroient la fuite.

(17) La réponfe à cet argument fe trouve dans l'explication de la 2e Planche jointe au Mémoire : fi le radier de ces ouvertures étoit plus bas que le couronnement de la chauffée, qui doit barrer le lit de la riviere pour en prendre les eaux,

(16) Les détails qui précèdent, répondent à toutes les craintes de MM. les Propriétaires fur le danger de l'introduction de l'eau de l'Aude dans le Canal Royal; le dépôt de fon limon, & les accidens fâcheux qui réfulteroient de la rigole de Trebès. Ainfi leur répétition devient ici inutile.

D'ailleurs les Ouvrages que MM. les Propriétaires eux-mêmes ont fait faire dans la rigole de la plaine, pour garantir leur Canal du dépôt des eaux du réfervoir de S. Ferriol qui font extrêmement vafeufes, ne prouvent-ils pas que l'on peut en pratiquer dans la rigole de Trebès, qui arrêteroient, s'il en étoit befoin, le limon des eaux de l'Aude?

(17) MM. les Propriétaires ne parlent ici que d'après des fuppofitions étayées fur des plans faits à leur fantaifie, & le tiers Expert d'après l'état réel des lieux. Le couronnement de la digue propofée à conftruire au-deffous du pont de Trebès, pour barrer la riviere d'Aude fur cinq pieds de hauteur, n'atteindra pas le niveau des berges de cette riviere; (& quand il feroit

Extrait du Rapport.

M. Thierry propofe différens moyens embarraffans dans la pratique; & il ne lui eft pas venu dans l'idée, non-plus qu'à tous les autres, que le feul capable d'opérer cette diminution, étoit de donner plus de débouché au pont de Trebès lors des débordemens de l'Aude; (21) qu'on augmente, comme nous l'avons déja dit, ce débouché d'un tiers, tous les effets de cette riviere fe réduiront, & le Canal Royal ne fera plus expofé. Les ouvrages immenfes qu'on y a faits pour faire paffer deffous les rivieres, dont les eaux lui auroient été nuifibles, rendent très-propofable cette augmentation pour faciliter l'exécution de la rigole de Trebès. D'ailleurs, peut-on raifonnablement repréfenter une prife d'eau de fix pieds de largeur fur trois pieds fix pouces de hauteur pratiquée dans un mur folide, comme une colonne d'eau qui donnera une pente au cours de la riviere vers le Canal, & l'expofera aux plus grands boulverfemens? Il ne faut pas être homme de l'art, pour ne pas juger que cela n'eft pas poffible.

(22) Nous ne faifons aucune obfervation fur tous les détails dans lefquels le fieur Expert de MM. les Propriétaires eft entré pour prouver l'irrégularité des calculs de MM. de Clapiés, Dafté & Danify fur les eaux des rivieres de Ceffe & d'Argendouble, & des autres dont ils ont propofé l'introduction dans le Canal Royal, parce que ne faifant, ainfi que nous l'avons déja obfervé, aucun ufage de ces eaux, ces détails répandus dans tous les Mémoires de MM. les Propriétaires, font entierement inutiles.

Nous garderons le même filence fur les détails très-curieux des eaux qui fervent à l'approvifionnement du Canal Royal, & de celles qui fe tirent du réfervoir de S. Ferriol, pour prouver que la riviere de Ceffe ne peut pas fournir feule à la navigation de la grande retenue, & conféquemment du Canal de jonction; auffi à raifon de leur indifférence à l'égard du point principal que nous avons à traiter, les trois Experts étant convenus que cette riviere ne fuffifoit pas pour remplir ces deux objets.

A l'égard de l'obfervation fur l'inutilité de la dépenfe de la conftruction d'une chauffée, plus folide à la Roupille fur la riviere de Ceffe, tandis que la rigole de Trebès peut feule fournir un volume d'eau immenfe pour le remplacement de toute celle néceffaire à l'approvifionnement du Canal de jonction, elle eft judicieufe en foi, & nous eftimons que cette conftruction peut n'avoir pas lieu; mais le fentiment de l'Expert de la Ville de Narbonne eft indifférent fur cet objet, fi dans un moment celui

cette

cette chauffée deviendroit inutile; car affurément les eaux fupérieures s'écouleroient par des arches où elles trouveroient de la pente; fi, au contraire, leur radier étoit au niveau du couronnement de la chauffée conftruite à travers la riviere, elles ne formeroient qu'un prolongement à cette chauffée, & ne diminueroient pas l'effet caufé par le relevement du niveau de pente, d'où fuit une moindre attraction & un moindre écoulement des eaux fupérieures. Ainfi les dangers dont le pont d'Orbeil feroit menacé, ce que l'on peut remarquer fur la deuxieme Planche, fubfifteroient en leur entier après l'ouverture des arches.

au même arrafement, cela feroit égal.) D'après cette fituation locale eft-il quelqu'un qui puiffe ne pas convenir qu'une addition d'arches au pont de Trebès procurera un plus grand écoulement d'eau lors des inondations; & quand ce couronnement, fuppofé fupérieur au terrein de la plaine, obligeroit à établir le radier des nouvelles arches au même niveau, que pourroit-on en conclure, finon que ce radier mafqueroit en contre-bas l'écoulement des hautes eaux, d'un pied, fi l'on veut, ou de quinze pouces de hauteur, pour leur en procurer un au-deffus, de vingt pieds d'élévation. Ainfi en tout état, l'addition d'arches propofée au pont de Trebès eft donc un moyen démonftrativement fûr pour réduire la hauteur des grandes inondations au deffus de ce pont, & effacer l'effet de la digue.

Cette addition d'arches n'eft pas même néceffaire, & n'a été propofée que comme une précaution furabondante pour mieux calmer les craintes de MM. les Propriétaires; car l'expérience journaliere fait voir que les digues, qui élevent les baffes eaux des grandes rivieres à la hauteur néceffaire pour faire aller des moulins, ne produifent pas pour cela un rehauffement fenfible à leurs eaux lorfqu'elles font débordées. Ceux qui ont vu des rivieres dans cet état, ont dû s'appercevoir que la furface fupérieure de leurs eaux prend alors une pente uniforme & fans reffaut, comme s'il n'y avoit point de digue : & la viteffe que les eaux gagnent par cette augmentation de pente, compenfe ce qu'elles perdent fur la profondeur; auffi y a-t-il eu autrefois un moulin & une digue à l'endroit où M. Gendrier propofe d'en conftruire une nouvelle, fans que les terres riveraines ayent plus fouffert des inondations de l'Aude, qu'elles l'ont fait depuis fa deftruction; cette digue pourroit, fans doute, être rétablie par celui qui eft aux droits des anciens poffeffeurs du moulin; & MM. les Propriétaires du Canal ne pourroient certainement l'empêcher, quoique ce rétabliffement intéreffe bien moins le public que le Canal de Narbonne.

(18) *Quoique ce calcul paroiffe fpécieux, il n'eft pas tout-à-fait fans replique; car il faut obferver qu'il y a près de douze lieues de Canal depuis l'entrée projettée de la prife d'Aude, jufqu'à celle du Canal de Nar-*

(18) Il faudroit fe repréfenter les terriers du Canal Royal comme des cribles, pour concevoir que la rigole de Trebès lui coûteroit peut-être plus d'eau qu'elle ne lui en donneroit: d'ailleurs, au moyen de la manutention indiquée par le tiers Expert, la hauteur de fes eaux ne feroit jamais augmentée, & auroit feulement un petit courant pen-

EXTRAIT DU RAPPORT.

de MM. les Propriétaires doit rejetter cette rigole par une multitude de dangers & d'inconvéniens qui en résulteroient suivant les principes pour le Canal Royal.

Nous ne sommes point d'accord sur la seconde raison qu'employe le sieur Expert de MM. les Propriétaires, pour prouver que la grande retenue ne peut fournir d'eau au Canal de jonction, parce que l'entrée de ce Canal étant au Sommail, & la décharge de la rigole de Mirepeisset à douze cens toises au-dessus, les eaux de la riviere de Cesse ne peuvent réfluer pour y être introduites; pourvû que ces eaux entrent dans la grande retenue, une partie du remplacement n'est-il pas fait, & qu'importe qu'elles servent à la navigation du Canal Royal ou du Canal de jonction ? (23.)

Venons maintenant à l'examen de la prise d'eau proposée à faire dans la riviere d'Aude à Trebès, par le sieur Expert de la Ville de Narbonne; & voyons si ce projet est aussi chimérique & dangereux, que celui de MM. les Propriétaires l'expose.

La riviere d'Aude est sujette à de fréquentes inondations, & il cite les époques des plus considérables, qui soient arrivées depuis 1678 jusque & compris la présente année, où les eaux de cette riviere sont entrées dans le Canal Royal par trois endroits. Il faudroit sçavoir si elles ont dû y entrer, & si aux passages de leur introduction les terriers ne sont pas affaissés, & ne forment pas des flaches qui l'ont facilité; mais cette circonstance n'est pas plus importante que celle de toutes ces inondations en général, relativement à l'objet de l'exécution de la rigole; comme les eaux arrivent mortes près les terriers, en les élevant de 18 pouces de plus qu'il ne sont, il n'y aura plus de danger à craindre, & cet ouvrage sera d'autant moins dispendieux, qu'il ne contiendra pas une étendue considérable.

C'est, dit l'Expert de MM. les Propriétaires sur ce torrent redoutable, que la Ville de Narbonne se propose d'établir la prise d'eau de remplacement; les expressions fortes ne fortifient pas toujours les raisons, & celles-ci pourroient tout au plus convenir pour désigner combien le Canal Royal, au lieu de suivre la route qu'on lui a fait prendre, auroit été mal placé & interrompu dans la navigation en suivant une partie du cours de cette riviere; mais on ne sépare point ces deux idées si différentes du Canal Royal aboutissant & introduit dans la riviere d'Aude, & du Canal Royal recevant des eaux claires de cette riviere par une rigole, que l'on mettra à l'abri de toutes ses fureurs, les

bonne. Que le Canal, dans toute cette partie, est creusé dans un terrein graveleux, qu'il se perd dans cet espace une quantité d'eau immense par les filtrations, & qu'on a observé que quelques pouces de charge de

dant la durée de l'écoulement de cette rigole. On a répondu ci-defsus aux inquiétudes & aux exagérations si souvent répétés de MM. les Propriétaires, sur la difficulté de cette manutention, sur les dangers d'introduire les eaux de l'Aude dans le Canal Royal, & sur les dépôts de limon de cette rivière.

plus à la colonne d'eau ordinaire, étoient un moyen infaillible d'augmenter les filtrations, & conséquemment la consommation d'eau, bien loin d'en augmenter le volume. Or si la prise de la riviere d'Aude étoit donnée abondamment, elle causeroit une augmentation de poids dans les retenues, & conséquemment une augmentation de filtrations aussi; & l'on ne craint point d'avancer devant des personnes de l'art, qu'elle coûteroit peut-être plus d'eau au Canal, par cette raison, qu'elle ne lui en donneroit. Si, au contraire, cette prise couloit doucement, & que la demande fut vive au Canal de Narbonne, la grande retenue baisseroit subitement; & le passage de Béziers à Argens seroit interrompu, parce que les barques toucheroient sur les tocs qui se trouvent dans le fond du Canal, après les grands orages. Enfin si l'on établissoit un répaire pour donner les eaux au Canal de Narbonne, lorsque la grande retenue seroit à une certaine hauteur, ce qui paroîtroit le seul moyen raisonnable, alors la navigation du Canal de Narbonne seroit dépendante du soin des éclusiers du grand Canal, à fermer les épanchoirs & les filtrations de douze lieues de pays, & de la quantité d'eau demandée dans la partie inférieure du Canal, vers les éclusés de Foncerannes. Dès que les Propriétaires du Canal recreusent à fond des parties de la grande retenue, les filtrations augmentent à travers le cailloutage, & le remplacement d'eau nécessaire devient plus considérable; les eaux pourroient alors se trouver au dessous du répaire, quoique la prise des eaux de l'Aude fût donnée à plein Canal; ainsi nul homme existant ne peut assurer que cette correspondance d'eaux sur douze lieues, d'un pays graveleux, puisse exister entre deux Propriétaires divisés d'intérêt. Il est donc difficile de comprendre comment M. Gendrier compte l'établir, sur-tout avec cette nécessité indispensable de fermer la prise de l'Aude dès qu'elle sera trouble. L'entrée des eaux deviendroit alors aussi inappréciable que la sortie, & tout calcul subséquent porteroit absolument à faux. C'est par l'avis des plus grands hommes que l'on

expreffions font les mêmes pour défigner l'un & l'autre ; il y a mêmes dangers, mêmes inconvéniens ; mais il ne fuffit pas de fe les repréfenter & de les croire, il faut encore examiner s'il n'y a pas abfolument aucun moyen de les éviter, & que ceux que nous avons propofés, ci-devant, à la fuite des avis & repliques des fieurs Experts de la Ville de Narbonne & de MM. les Propriétaires, au fujet du remplacement des eaux offert par le premier, écartent tous les dangers. (24)

L'Expert de MM. les Proprietaires, parlant de MM. Thierry & Clapiés, avance qu'ils ont profcrit le projet de cette prife. Nous n'avons vû cela dans aucun de leurs Mémoires, fa poffibilité reconnue par l'un & l'autre eft fingulierement démontrée par le nivellement de M. Clapiés, & la feule infpection du Local l'indiquera à tout homme d'art au premier coup d'œil. Ces deux Ingénieurs s'en font tenus là, (25) & nous n'en fçavons pas la raifon ; mais on ne doit pas en rien inférer contre cette poffibilité, & l'on peut confommer ce projet par des moyens, qui ne leur font pas venus dans l'idée, ou dont ils ne fe font pas affez occupés eux-mêmes pour les confommer.

Nous n'entendons pas ce que ledit fieur Expert veut dire parlant de la rigole & de la néceffité de la mettre à l'abri des inondations, qu'il faudra faire un épaulement bien folide en bonne maçonnerie, fur une longeur de 400 toifes, dont les fondemens doivent être à fix pieds au-deffous du lit de la riviere, fur une hauteur au moins de 25 pieds, avec une épaiffeur proportionnée pour réfifter à la pouffée des terres ; car fi cette propofition eft férieufe, nous appellons de l'avis dudit fieur expert à lui même, à fes talens, à fes lumieres. Quoi ! il n'eft pas d'autre moyen de défendre cette rigole contre la riviere d'Aude, que par un mur épais de 400 toifes de longueur & de 25 pieds de hauteur, qui fermera fa rive gauche depuis cette riviere jufqu'au Canal Royal ? y a-t-il quelques rigoles femblables fur le Canal ? & comment en prouvera-t'on la néceffité ? nous l'avons déja dit, & nous le répétons ; la tête de la rigole bien deffendue contre les efforts de l'Aude, & fes terriers mis hors d'état d'en être attaqués feulement dans la longueur de 60 toifes, au bout de laquelle les eaux font prefque dormantes, on empêchera cette riviere de faire la moindre dégradation fur le refte de fes terriers jufqu'au Canal Royal, avec les deux feules précautions de rendre le talus fort doux & de le gazonner. (26)

Nous fçavons & nous ne diffimulons point les élévations des eaux de la riviere d'Aude, lors de fes grands débordemens, ainfi

à

OBSERVATIONS.

a évité soigneusement de mêler les eaux du Canal avec celles de l'Aude, & que l'on n'a pas même osé traverser cette riviere pour abréger la communication des Mers. Le Canal la suit latéralement pendant plus de dix lieues, sans qu'il soit venu dans la tête d'aucun des hommes célébres qui ont fait & perfectionné cet Ouvrage, d'en introduire la plus médiocre prise dans la partie la plus difficile à abbreuver. Il faut donc renverser les principes d'une tradition respectable, & détourner les yeux des ravages de la plaine de Coursan, près de Narbonne, des vases dont la robine est remplie & dont elle comble l'étang de Sijean, malgré les portes de défense de Moussoulens; en un mot, il faut vouloir hazarder de perdre les fruits heureux de la communication des Mers, pour oser proposer de prolonger sur ses retenues les plus difficiles à entretenir, les eaux d'une riviere presque suffisante pour envaser un Diocèse en entier.

OBSERVATIONS.

(19) Les Propriétaires du Canal se croyent fondés à soutenir, au contraire, que l'on ne pouvoit connoître la qualité & & les effets de la riviere d'Aude, que par ceux qu'elle produit dans le Canal actuel de Narbonne & dans les étangs où ce Canal aboutit; & que quand l'Arrêt du Conseil ne l'eût point expliqué clairement, les conséquences de ces faits pour l'éclaircissement de ceux sur lesquels le sieur Gendrier a opéré, suffisoient pour le déterminer à prendre ces connoissances avant de quitter son travail.

(20) On ne peut qu'être étonné de la discrétion du sieur Gendrier sur le moyen simple & sûr, qu'il dit avoir, pour con-

RÉFLEXIONS.

(19) MM. les Propriétaires partent toujours d'après le principe faux que les Experts veulent introduire les eaux troubles de l'Aude dans le Canal; on ne cessera pas de leur dire qu'elles n'y seront introduites que lorsqu'elles seront claires, & que la vérification des dépôts de cette riviere devient par-là tout-à-fait inutile.

(20) Rien n'est moins étonnant que la réserve que s'est faite le sieur Gendrier de n'indiquer qu'au Conseil, s'il en étoit requis, le moyen simple & sûr d'exécuter la manu-

P

EXTRAIT DU RAPPORT.

que les triftes effets qui en réfultent, & nous defirerions que l'examen qui nous occupe, nous mît à portée de découvrir quelque moyen de les diminuer; mais il ne faut ni fe les cacher, ni les groffir; & lorfque la rigole de Trebès pourra être exécutée, fans que fes inondations en deviennent plus fortes, fon projet ne peut plus être confidéré comme dangereux au pays & à la navigation du Canal Royal.

Les conféquences, que tire le fieur Expert de MM. les Propriétaires, de l'élévation de la digue qui doit procurer les eaux à la rigole de Trebès, ne font pas admiffibles: il avance que cette élévation fera de cinq pieds au-deffus de la plus forte inondation, parce que cette digue aura cinq pieds de hauteur; mais pour cela, il faudroit, lors des débordemens, que les eaux, dans la longueur de la retenue qu'elle formera, fe foutinffent de niveau pour former une cataracte de cinq pieds, précifément au point de fon paffage; & ledit fieur Expert fçait parfaitement le contraire : le feul effet d'une digue, qui traverfe une riviere, eft de retenir fes eaux, & de les mettre de niveau fur une étendue plus ou moins grande, fuivant la pente de fon lit, & c'eft précifément au point où commence ce niveau, que les eaux des cruës, arrivant avec la viteffe relative à la pente que le lit fupérieur leur a fait acquérir, s'élevent & fe déplient, modérées par le nouveau plan qu'elles rencontrent, & paffent bientôt après fur la digue qu'elles furmontent enfuite, au point d'en effacer totalement la chute : cette élévation n'eft donc pas confidérable, fur-tout dans une riviere dont les inondations furmontent les bords & peuvent s'étendre fort loin, parce qu'alors la fuperficie de la digue comparée avec celle d'une cruë fort élévée, eft réduite à très-peu de chofe (27); en voici la preuve. Suppofons la digue conftruite & l'événement d'une cruë de l'Aude de la hauteur de 26 pieds, tel qu'il prétend que la derniere a été. La largeur de la plaine de Trebès, vis-à-vis cette Ville, depuis le chemin de Carcaffonne à Narbonne, près lequel une pareille cruë arriveroit, eft au moins de 500 toifes : nous ne prenons de cette étendue que 400 toifes, pour avoir à ce terme une hauteur d'eau certaine; nous ne prenons de même que 40 toifes de 60, auxquelles s'étendroit pour le moins le terme parallele à la riviere, où les eaux de cette cruë arriveroient fur les terreins de fa rive gauche : la riviere d'Aude a 52 toifes de largeur entre les culées du pont de Trebès; voila une étendue de 492 toifes; & le paffage de l'eau de la riviere mafqué par la digue, étant de 52 toifes de longueur fur 5 pieds de hauteur, produit 43 toifes deux pieds quarrés

duire les eaux des deux Canaux; car, par cela même qu'il est simple & sûr, il doit être juste & sans replique: pourquoi donc en dérobe-t-il la connoissance aux Propriétaires du Canal ? Au surplus, il ne faut pas conclure de ce que l'Expert des Propriétaires du Canal a signé l'Avis du sieur Gendrier, qu'il l'ait approuvé en aucune façon; car son Avis, dont les premiers mots sont ci à côté, y est absolument opposé. On a voulu fonder sur cette signature, l'unanimité de sentiment des trois Experts; mais elle n'a jamais existé. On peut le voir dans l'original du procès-verbal.

tention des eaux des deux Canaux sans embarras : s'il n'en a pas fait part à MM. les Propriétaires, c'est qu'il ne leur devoit pas cette confidence, qu'il sentoit d'ailleurs à merveille ne pouvoir aboutir qu'à de nouvelles contradictions auxquelles il n'a pas voulu, avec raison, s'exposer.

Si leur Expert s'est contrarié, il l'a fait librement : il ne paroîtra vraisemblable à personne qu'il ait donné aucune signature dans le Procès-verbal, sans avoir entendu la lecture nette & précise des choses qui l'ont précédé; il est censé y avoir acquiescé toutes les fois qu'il a signé sans réservation.

Il est, au surplus, bien surprenant que MM. les Propriétaires n'eussent aucune connoissance de la vérification des trois Experts avant la délibération des Etats, puisqu'ils n'ignoroient pas le Mémoire donné par le sieur Bourroul, leur Expert, contre l'Avis du tiers Expert, & que ce Mémoire fut lu avant la délibération des Etats.

Les Propriétaires du Canal finiront par avoir l'honneur de représenter au Conseil du Roi, que le refus qui leur a été fait de leur communiquer la vérification des trois Experts avant la délibération des Etats, pouvoit produire des conséquences très-fâcheuses; en effet, ils sont Ingénieurs dans l'intérêt public, & défendent en son nom la navigation de leur Canal : si les objections qu'ils ont faites à l'Avis du sieur Gendrier sont justes, il étoit possible qu'elles influassent sur l'Avis des Etats. Or les Etats ne pouvoient s'en rapporter qu'à l'Avis du sieur Gendrier, s'il n'étoit pas contredit; & le sieur Gendrier pouvoit ignorer bien des faits de détail, relatifs à la manutention du Canal, qui sont cependant très-importans à l'éclaircissement de la vérité : dans le fait, les Propriétaires du Canal n'ont eu aucune communication légale des piéces sur lesquelles les Etats ont pris leur Avis; &, comme ils n'ont pu y répondre, il faut convenir que cette Assemblée s'est déterminée sans qu'ils aient pu lui donner les éclaircissemens nécessaires.

(21) On a répondu ci-dessus à cette proposition.

(22) Tout homme de l'art

(21) On a repliqué ci-dessus à cette réponse.

(22) Tout homme de l'art pensera qu'il n'y a point de danger à

qu'il faut ôter de la fuperficie du profil de la cruë dont elle aura formé la fur-élévation. De combien fera alors cette fur-élévation? d'un peu moins de fix pouces cinq lignes, parce que 492 toifes, multipliées par fix pouces cinq lignes, produifent 43 toifes cinq pieds un pouce quarré que contient la fuperficie de la digue; voilà dans le vrai le regonflement de cinq pieds, qui, joint à une inondation de 26 pieds, en formera une de 31 pieds de hauteur; fe fera reffentir de proche en proche jufqu'à Carcaffonne, & caufera tous les ravages affreux annoncés dans l'Avis du fieur Expert de MM. les Propriétaires du Canal Royal; ou plutôt, voilà comme une idée forte de dangers & d'inconvéniens pas affez approfondie, nous affecte & nous jette dans l'erreur, qui entre même dans l'expreffion; car le regonflement des eaux n'a lieu à une digue, que lorfque fe trouvant au-deffous de fon couronnement, elles viennent à croître & forment par leur choc un petit reflux qui ceffe à l'inftant qu'elles commencent à paffer par-deffus ce couronnement; des eaux courantes ne remontent point autrement contre leur fource.

Mais, comme il faut éloigner de plus en plus les dangers que pourroient courir le Pays & le Canal Royal, & qu'une retenue d'eau de trois pieds fix pouces de hauteur n'eft pas néceffaire pour fournir au Canal le remplacement de celle qu'il doit donner au Canal de jonction, on peut ne l'élever que de deux pieds, conféquemment ne donner à la digue que trois pieds fix pouces de hauteur au lieu de cinq pieds, ce qui réduira la fuperficie des eaux, dont elle mafquera l'écoulement à 30 toifes deux pieds quarrés, & la fur-élévation de celle de la cruë, à quatre pouces fix lignes; & comme nous ne devons pas fortir du principe que la rigole pourra être fermée huit jours, pour ne donner que des eaux claires, le produit de cette rigole pendant cet intervalle, fera de 52575 toifes cubes, c'eft-à-dire de 19515 toifes cubes, plus fort que le remplacement néceffaire, qui n'eft que de 33060 toifes; d'où il fuit que l'on pourroit encore un peu réduire la hauteur de cette chauffée, & par une fuite néceffaire, la fur-élévation de la cruë occafionnée par la digue. (28)

Enfin voudroit-on defcendre jufqu'aux infinimens petits; car il eft certain que la digue augmentera de quelque chofe l'élévation des cruës de la riviere d'Aude; la fixation de la largeur de la rigole de Trebès, déterminée à fix pieds, par le fieur Expert de la Ville de Narbonne, peut-être portée fans inconvéniens à douze pieds (29); & alors l'augmentation de ces cruës pouvant être réduite à environ deux pouces, pourroit-on férieu-

penfera

OBSERVATIONS.

penfera que cette ouverture, donnant une pente à une portion de cette riviere vers le Canal, l'expofe, par conféquent, à des dangers.

(23) Ces eaux ne font point à la difpofition de la Ville de Narbonne, étant attribuées en tout, ou en partie, au grand Canal.

(24) On a répondu ci-deffus à cet Article.

(25) Parce qu'il ne fuffifoit pas de niveler ; mais il falloit éviter des dangers infurmontables. Au refte, M. de Clapiés y a renoncé formellement, en 1740.

(26) On a répondu ci-deffus à cet Article.

(27) Si cette digue a cinq pieds de hauteur, il y aura plus de pays fubmergé, & le pont-aqueduc d'Orbiel fera plus expofé : fi elle n'a que trois pieds d'élévation, il le fera moins ; mais il eft certain que l'effet de la digue fe fera toujours reffentir du plus au moins.

(28) Le fieur Gendrier fait, ainfi que les Vérificateurs précédens, des fections & des calculs de vîteffe, qui n'ont aucune valeur pour les eaux des rivieres de Languedoc, parce qu'ils fuppofent la continuité & l'éga-

RÉFLEXIONS.

craindre pour un Ouvrage quand fa force & fa folidité font fupérieures à l'action de l'agent qui tend à le détruire. Le détail de la quatrieme Réflexion doit ici fervir de réponfe.

(23) Cette Obfervation n'eft bonne que pour le Confeil qui doit la juger.

(24) On a repliqué ci-deffus à cette réponfe.

(25) C'eft bien plutôt parce qu'ils fentoient que, contre une idée de dangers infurmontables qu'on affectoit de préfenter alors, comme on le fait encore, les raifons les plus fortes auroient été vainement prodiguées : au refte, M. de Clapiés n'a jamais renoncé à la conftruction de la rigole de Trebès ; & quand ce renoncement feroit vrai, il ne prouveroit rien contre la poffibilité de cette conftruction.

(26) On a repliqué ci-deffus à cette réponfe.

(27) Si, dans l'état actuel, il n'y avoit aucun terrein inondé, cette obfervation pourroit mériter quelque confidération ; mais l'inondation étant inévitable fans la digue, pour la plus grande partie du terrein, l'inconvénient du plus ou du moins n'eft pas confidérable ; & le pont d'Orbiel ne fera certainement pas plus expofé qu'aujourd'hui, fur-tout fi, pour faciliter le débouché des eaux, on fait une addition d'arches au pont de Trebès.

(28) Il auroit fallu prouver que les calculs du fieur Gendrier n'ont aucune valeur, par une meilleure raifon que celle de repréfenter les rivieres du Languedoc comme des torrens. Toutes les rivieres du monde croiffent & décroiffent avec plus ou moins de vivacité ; & les calculs de leurs eaux & de leurs vîteffes, en tous leurs états,

fement rejetter la conftruction de la rigole & de la digue, fous le prétexte d'un inconvénient auffi léger ? Ce n'eft pas cette digue, qui caufera de nouveaux malheurs au Pays & au Canal Royal; qu'importe qu'une riviere furieufe qui fort très-facilement de fon lit, franchiffe fes bords deux ou trois heures plutôt ? Les terreins riverains n'en font pas moins expofés; & encore feroit-il poffible de faire dans une certaine étendue, à partir du pont de Trebès, des ouvrages de peu de dépenfe pour rétablir l'équilibre, c'eft-à-dire pour contenir les eaux des cruës, de façon à ne fe répandre fur ces terreins, malgré la digue, qu'à la jufte élévation où elles s'y répandoient avant la conftruction de la digue.

Toutes ces obfervations démontrant avec évidence, qu'une rigole, qui conduiroit les eaux de la riviere d'Aude dans le Canal Royal au-deffous de Trebès, faite avec toutes les précautions & la folidité convenable, & le fervice de fa manutention dirigé conformément à ce que nous avons ci-devant indiqué, ne peut jamais expofer ce Canal, & qu'elle procureroit un remplacement abondant & affuré des eaux qu'il fourniroit au Canal de jonction, indépendemment de celle à tirer de la riviere de Ceffe. Qu'au moyen d'une addition d'arches au pont de Trebès, pour accélérer le débouché des eaux fupérieures de cette riviere, lors de fes cruës, l'on peut empêcher leur trop grande élévation au pont d'Orbiel, & enfin que le Canal de jonction demandé par la Ville de Narbonne bien conftruit & défendu, fur-tout à fon entrée dans la riviere d'Aude, peut être mis à l'abri de tous fes ravages, fans nuire aux Communautés riveraines. Nous eftimons & fommes d'avis, que le Canal ne peut préjudicier à la la navigation du Canal Royal. En foi de quoi nous avons figné le préfent Avis. A Montpellier, le vingt-quatre Décembre 1766. *Signà* le GENDRIER. (30)

Et perfiftant chacun dans notre Avis, nous avons clos & arrêté le préfent Procès-verbal à Montpellier ledit jour 24 Décembre 1766. *Signès* BOURROUL, BAUDON *&* GENDRIER.

OBSERVATIONS.

lité dans le cours de ces eaux, qui ne font que des torrens. Par exemple, les moulins inférieurs à la chauffée de Cefse, qui re çoivent les eaux que l'on prétend deſtinées à abbreuver le Canal de Narbonne, ont été à fec, en 1767, pendant quatre mois & huit jours. Avant l'arrivée du fieur Gendrier fur la riviere de Cefse, en 1766, la chauffée de clayonnage qu'il prétend laifser échapper beaucoup d'eau, n'en perdoit pas une goutte. Tous ces faits éclaircis auroient, fans doute, fait rejetter abfolument la demande de la Ville de Narbonne fur cette priſe.

(29) Plus on élargiroit cette rigole, plus la vanne feroit grande & fujette à des filtrations; & plus la colonne d'eau feroit forte & dangereuse, fi l'ouvrage de défenfe étoit emporté.

(30) Si toutes les raifons qui ont été avancées ci-defsus par les Propriétaires font juſtes, cette conclufion ne doit pas l'être.

Les Obfervations que les Propriétaires du Canal viennent de faire ci-defsus fur la vérifica-

RÉFLEXIONS.

n'en font pas moins vrais pour la preuve des effets qui doivent en réfulter. Cet Expert prétend, parce qu'il l'a vu, que la chauffée de clayonnage fur la riviere de Cefse perdoit beaucoup d'eau lors de fa vifite; & cet effet n'eſt pas plus étonnant que celui de n'en avoir pas perdu pendant la fécherefse, parce qu'à fon arrivée la riviere étoit plus haute & que les eaux n'ayant encore dépofé aucun gravier ni limon dans la partie fupérieure de ce clayonnage, elles devoient naturellement s'échapper au travers; au lieu que ce dépôt étant fait dans la partie inférieure, il en empêchoit la tranfpiration. Des faits de cette efpece n'ont pas befoin de plus grands éclaircifsemens, & n'auroient jamais dû faire l'effet qu'ont toujours en vue MM. les Propriétaires.

(29) Cette Obfervation eſt très-juſte; mais comme non-feulement on peut fixer cette rigole à la largeur de fix pieds, propofée par l'Expert de la Ville de Narbonne, mais encore réduire la hauteur de la digue à trois pieds fix pouces, en fourniffant un remplacement d'eau plus que fuffifant au Canal Royal, les filtrations feroient bien peu de chofe; & l'idée des dangers toujours exagerée par MM. les Propriétaires, feroit encore plus affoiblie.

(30) Le Confeil, qui pefera les raifons de la Ville de Narbonne, du tiers Expert & de MM. les Propriétaires, décidera mieux qu'eux fi cette conclufion eſt juſte ou non.

Il jugera de même fi les Réflexions ci-defsus font auffi fuffifantes pour faire fentir la foiblefse des Obfervations qu'on oppofe aux

OBSERVATIONS.

tion du sieur Gendrier, suffisent pour prouver qu'elle ne doit pas lever les doutes & les incertitu- qui avoient déterminé l'opposi- tion de la Province , en 1754.

RÉFLEXIONS.

opérations & à l'Avis de M. Gendrier , que l'ont été les solides raisonnemens de cet Expert , pour détruire les doutes & l'incertitude qui avoient servi de motif à une opposition , dont la révocation est trop contraire aux intérêts particuliers de MM. les Propriétaires pour qu'ils ne cherchent pas à la déprécier par toute sorte de moyens.

EXTRAIT

EXTRAIT du Regiſtre des Délibérations priſes par les Gens des Trois Etats du Pays de Languedoc aſſemblés par Mandement du Roi en la Ville de Montpellier, au mois de Novembre 1767.

Du lundi vingt-unieme du mois de Décembre, Préſident Monſeigneur l'Archevêque & Primat de Narbonne.

Monſeigneur l'Evêque de Niſmes a dit que la Commiſſion des travaux publics renforcée, s'étant aſſemblée chez Monſeigneur le Préſident, pour examiner les nouvelles Piéces concernant le projet de jonction de la robine de Narbonne au Canal Royal, dont le Roi a ordonné par l'Arrêt de ſon Conſeil du 19 Juillet 1757, que la communication ſeroit faite aux Etats, on a commencé par la lecture de cet Arrêt, en conſéquence duquel, pour ſe conformer aux intentions de Sa Majeſté, & répondre à la confiance dont elle honore les Etats, ils ne peuvent ſe diſpenſer de prendre une réſolution ultérieure ſur la même affaire, quoiqu'elle ſemblât conſommée de leur part, au moyen de leur délibération du 9 Mars 1754 par laquelle ils déclarent ne pouvoir ni ne devoir donner aucune eſpece de conſentement à l'exécution de ce projet; & chargerent MM. les Députés à la Cour de faire connoître au Roi & à ſon Conſeil, les juſtes craintes & les allarmes de la Province, ſur un ouvrage qui pouvoit être auſſi préjudiciable au Canal de communication des Mers, qu'il paroiſſoit peu utile à l'Etat.

Que cet Arrêt rendu ſur le vu de cette délibération, ainſi que de toutes les Piéces & Mémoires ſur leſquels elle avoit été priſe, & de plus ſur les Avis de MM. de Saint Prieſt, Intendant de la Province, le Camus, membre de l'Académie des Sciences de Paris, chargé ſpécialement de l'examen des entrepriſes de cette eſpece, & des Députés au Bureau du commerce, que le Conſeil avoit jugé à propos de conſulter, a d'abord paru ne laiſſer aucun doute ſur l'attention qu'on a donnée à cette importante affaire, & que le Roi, en autoriſant par cette déciſion la Ville de Narbonne à reprendre l'exécution de l'Arrêt de 1686, qui avoit ordonné l'ouvrage dont il s'agit, ayant mis les Parties hors de Cour & de Procès ſur toutes leurs demandes, ſemble avoir jugé définitivement toutes les queſtions, qui avoient été précédemment agitées, ne réſervant qu'un nouvel examen à faire ſur le prétendu préjudice que le Canal de jonction pourroit porter à la Navigation du Canal Royal; ſur quoi, le Roi ordonne qu'avant que la jonction dudit Canal au Canal Royal puiſſe

R

être éxécutée en préfence des Propriétaires dudit Canal Royal,
ou eux dûement appellés, il fera fait un nouveau rapport par
trois Experts, dont l'un fera nommé par lefdits Propriétaires,
l'autre par les Confuls de Narbonne, & le troifieme d'office par
M. l'Intendant, à l'effet de vérifier fi ladite jonction peut préjudicier à la navigation du Canal Royal, pour le tout communiqué aux Etats, & enfuite fur l'Avis dudit fieur Intendant, être
ftatué par Sa Majefté ce qu'il appartiendra.

Que la commiffion s'eft faite enfuite rapporter la précédente
délibération dont les motifs, qui font précifément les mêmes que
ceux des Oppofans à l'exécution du projet dont il s'agit, n'ayant
pu opérer une décifion conforme à leurs vues, ont dû être victo-
rieufement contre-balancés par les éclairciffemens réfultant des
Avis dont il a été fait mention ci-deffus.

Que c'eft de quoi il a été aifé à la commiffion de fe convaincre par l'examen qu'elle a fait de ces différens Avis.

Qu'elle a vu en effet dans celui de M. l'Intendant, que ce fage
Magiftrat, après avoir mis dans le plus grand jour les raifons
refpectives des Parties, & les avoir difcutées de la maniere la
plus lumineufe (1), ainfi que les différentes opérarions qui avoient
précédé fon examen, s'eft décidé en faveur de l'exécution du
projet, dont il a établi l'utilité fur les principes les plus folides
& les avantages inconteftables de la multiplicité des débouchés
(2) en faifant l'application la plus jufte de ces principes & avantages au Ganal dont il s'agit, foit relativement à l'intérêt particulier de la Ville & du Diocèfe de Narbonne, foit pour l'intérêt général de la Province, du commerce & de l'Etat, tandis
qu'il a reconnu en même tems la poffibilité de fon exécution,
ainfi que le peu de fondement du prétendu préjudice qu'elle
porteroit à la navigation du Canal des Mers, comme étant dé-
montrés par les opérations des Experts chargés d'examiner effentiellement ces deux faits les plus importans. (3)

Que l'Avis de M. le Camus (4) qui ne roule que fur cette
derniere queftion, les autres n'étant pas du reffort de cet habile
Académicien, comme il le déclare lui-même, diffipe de la maniere la plus claire, les doutes qu'avoit pu faire naître le rapport du fieur Thierry, en difant pofitivement que ce Vérifica-
teur auroit pu affurer de même que le terrein où feroit creufé
le nouveau Canal, étoit de la même qualité que celui du Canal des Mers; que les filtrations ne feroient ni plus dangereufes
ni plus abondantes, ni plus à craindre dans l'un que dans l'autre; que le Canal de communication des Mers auroit certaine-

RÉFLEXIONS.

De MM. les Propriétaires
du Canal Royal.

(1) Il paroît, par ce que les
Propriétaires ont appris de l'avis
de M. l'Intendant, donné en 1753,
que les obstacles de la navigation
dans le Bas-Languedoc, étoient le
motif le plus pressant pour lui faire
approuver le canal de jonction :
ce Magistrat éclairé pensoit que s'il
se trouvoit dans le Bas-Languedoc
des interruptions de longue durée,
on pourroit peut-être passer par la
route de Narbonne ; mais depuis
1753, où cet avis a été donné, il
a été fait, tant à la riviere de
Béziers qu'au ruisseau de Libron,
pour plus de cent mille écus d'ouvrages extraordinaires, qui faci-
litent la navigation dans cette partie ; & plusieurs expériences réité-
rées ont appris depuis, que, lors
des inondations générales, où le
passage de la riviere de Béziers
pouvoit être interrompu long-
tems, la riviere d'Aude, que le
nouveau canal doit traverser, étoit
sujette, dans le même tems, à
des débordemens si considérables,
qu'ils interrompoient même la
communication par terre de Narbonne à Béziers. M. l'Intendant est
trop juste, pour ne pas faire mention de ce changement de position
dans son dernier Avis ; & on a lieu
de croire qu'il changera sa conclusion en conséquence : d'ailleurs
le premier Avis de M. l'Intendant
a été donné principalement sur
ceux des Ingenieurs qui propo-
soient de prendre les eaux des
ruisseaux d'Argendouble, de Riversal, &c ; & il a précédé de treize
ans la vérification du sieur Gendrier, qui rejette les Avis des sieurs
Dasté, de Clapiés & Danisy, pour
s'en tenir seulement à la prise des
eaux de la riviere d'Aude.

OBSERVATIONS.

Sur lesdites Réflexions.

(1) *Il paroît que MM. les
Propriétaires ont été mal-infor-
més de ce que contient l'Avis
de M. l'Intendant, dès qu'ils
lui attribuent comme le principal motif de sa façon de penser
sur la jonction de la Robine de
Narbonne au Canal Royal,
l'inconvénient des interruptions
de longue durée de sa navigation dans la partie du Bas-Languedoc, & le moyen d'y suppléer par le nouveau débouché
du Canal de jonction ; car l'A-
vis de cet habile Magistrat, où
toutes les branches de cette importante affaire sont parfaitement développées, contient non-
seulement cette raison très intéressante, mais encore toutes les
autres qui sont prises de la légi-
timité des droits de la Ville de
Narbonne, de la possibilité du
projet qu'elle sollicite, & de son
utilité pour cette Ville, pour la
Province en général, & même
pour tout le Royaume.*

*C'est ce concours de tant de
circonstances favorables à la
demande de la Ville de Narbonne qui a été le fondement
de l'approbation qu'il y donne,
malgré tout ce qui a été employé*

*pour la faire proscrire, tant par MM. les Propriétaires du Canal, que
par les autres opposans dont les allégations sont réfutées de la maniere la
plus lumineuse dans l'Ouvrage de M. de S. Priest, qui, mis sous*

DELIBERATION DES ETATS.

ment des eaux fnperflues, s'il n'en laiffoit pas perdre une quantité confidérable ; mais qu'au moins il eft évidemment poffible de lui en fournir même au-delà de ce qui peut être néceffaire pour fa navigation & celle du Canal de jonction, en les prenant dans la riviere d'Aude (5); que cette prife peut être faite fans aucune efpece de danger, & que bien loin qu'elle puiffe être préjudiciable au grand Canal, fa navigation y gagnera.

Que l'Avis de MM. les Députés du commerce dans lequel font également difcutées les queftions de la poffibilité & de l'utilité ; les avantages relevés en faveur de la jonction & les inconvéniens qui leur font oppofés; les intérêts particuliers & l'intérêt général ; conclut de même, par les raifons les plus folides, que la jonction projettée & commencée fans aucun obftacle (6), doit être entierement exécutée.

Que la Commiffion a obfervé que fi le Confeil, avant de permettre qu'on mît la main à l'œuvre, a ordonné une derniere vérification fur le feul fait du prétendu danger pour la navigation du Canal Royal : ce n'a été que pour fe prêter par cette opération au vœu de toutes les Parties, fur l'importance de conferver fans la moindre atteinte un ouvrage auffi précieux, & pour achever de détruire ou de mieux conftater les prétendus doutes & incertitudes relevés contre les précédentes vérifications; mais que cette fage précaution ne fait par l'événement, que confirmer cette affurance claire & pofitive, dont il paroît que le défaut avoit effentiellement déterminé la réfiftance des Etats, en leur faifant dire, comme on le voit dans leur *Délibération*, que fi le Canal projetté ne doit influer en rien fur ce qui doit foutenir ou déranger le Canal Royal, ils laifferoient à M. de Crillon la liberté de fuivre fon projet jufqu'à fa perfection.

Qu'en effet, les trois derniers Experts ayant été d'accord fur l'uniformité de la qualité du terrein où doit être creufé le Canal de jonction, avec celle de l'emplacement du Canal Royal, fur les principes & les élémens fervans à conftater la dépenfe d'eau que fera celui de jonction, eu égard aux évaporations, filtrations, pertes par les joints des portes des éclufes, & au volume des éclufées confommées par le paffage des Barques, ont déterminé cette dépenfe à environ 7000 toifes cubes; tandis qu'ils ont évalué en même tems à environ 36000 toifes le volume des eaux dont on pourroit fe fervir pour remplacer dans le Canal Royal celles qui y auroient été prifes, indépendemment de celles qu'on pourroit y amener avec bien plus d'abondance & de facilité de la riviere d'Aude.

les

OBSERVATIONS.

les yeux du Conseil avec toutes les autres piéces également concluantes pour l'exécution du projet de jonction, a déterminé la décision prononcée par l'Arrêt du 19 Juillet 1757, où il en est fait vu, ainsi que de toutes les productions des parties.

Au surplus, les travaux faits depuis, tant à la rivière de Béziers qu'au ruisseau de Libron, qu'on veut faire regarder comme ayant remédié à ces interruptions de la navigation du grand Canal, ont véritablement diminué le mal, sur-tout à l'égard du Libron; mais il ne subsiste qe trop encore à Béziers, pour faire desirer au Commerce un autre débouché qui peut seul l'en dédommager.

Il est vrai qu'il peut arriver, & est arrivé quelquefois dans des inondations générales, que les rivieres d'Aude & d'Orb ont grossi dans le même tems, & que celle d'Aude a interrompu la communication par terre; mais, outre que ce fait est très-indifférent à ce dont il s'agit, on peut assurer avoir vu plus souvent la riviere d'Orb refuser le passage aux Barques du Canal; & il suffiroit que cela puisse arriver encore, comme on ne sçauroit le nier, pour qu'il soit avantageux au Commerce de pouvoir profiter dans ce cas d'une ressource qu'il ne sçauroit avoir dans l'état actuel des choses. Ainsi il n'y a pas lieu de croire que ce prétendu changement des circonstances puisse faire varier l'avis de M. l'Intendant, qui ne trouvera certainement pas dans la vérification de M. Gendrier la contradiction ni la réjection des avis des sieurs Dasté, de Clapiers & Danyssy, qu'on y suppose gratuitement; tandis qu'il n'a fait réellement qu'ajoûter aux moyens adoptés comme suffisans, par ces sçavans, celui de la prise des eaux de la riviere d'Aude, qu'il a cru encore plus propre à ne laisser plus rien à desirer sur la question de sçavoir si la navigation du Canal de jonction ne nuiroit pas à celle du grand Canal, qui étoit le seul fait soumis à leur examen.

RÉFLEXIONS.

(2) Les ports ou débouchés à la mer sont de trois especes différentes, qui répondent à trois objets principaux. Les premiers sont ceux qui aboutissent d'une grande ville à la mer, pour favoriser l'exportation des denrées des pays voisins; ceux-là sont utiles & nécessaires. Les seconds sont destinés à donner des abris dans les mers

OBSERVATIONS.

(2) Ces définitions & distinctions des ports n'aboutissent qu'à les faire regarder comme plus ou moins utiles, relativement à leur situation & aux commodités qu'ils offrent à la navigation & au Commerce;

S

DELIBERATION DES ETATS.

Qu'il est vrai que les mêmes Experts observent qu'ils ne croyent pas que tel soit en tout tems l'état naturel de toutes ces eaux, & qu'ils regardent comme de trop foibles ressources, celles de la riviere d'Argendouble, du ruisseau de Ribauzel, & des fontaines dont ils ont donné en détail toutes les mesures, pour mériter la dépense des ouvrages qu'il faudroit faire pour les conduire aux deux Canaux; mais que c'est ce qui détermine l'Expert de la Ville de Narbonne & le tiers Expert à donner la préférence aux eaux de la riviere d'Aude, qui conduites par une rigole dont ils donnent les dimensions, fourniront suivant leurs calculs, beaucoup au-delà de ce qu'il faut, non seulement pour le remplacement le plus abondant dans le Canal Royal de celles qu'en pourra tirer celui de jonction, mais encore pour y suppléer à celles qu'on prétend lui manquer lors des grandes sécheresses, & même en tout tems, suivant l'Expert de MM. les Propriétaires, dont les calculs tendent à prouver qu'il n'en a pas assez à beaucoup près pour sa navigation, & que conséquemment on ne sçauroit lui en ôter la plus petite partie, sans porter un préjudice irréparable à cet important ouvrage.

Qu'on ne pourroit se refuser à cette conséquence très-bien tirée dans l'hypothese où elle est présentée, mais qu'elle conduiroit à en conclure avec autant & plus de fondement, qu'il seroit indispensable d'avoir recours aux eaux étrangeres, quand on n'auroit en vue que le plus grand avantage du Canal Royal, indépendamment même de celui de jonction; ce qui vient à l'appui de l'exécution de celui-ci, puisqu'il pourroit profiter sans inconveniens de la surabondance du secours jugé d'ailleurs convenable, ainsi que l'ont pensé tous les Vérificateurs & Experts, à la réserve de celui de MM. les Propriétaires, lequel s'efforce de constater & même d'exagerer le mal qui sert de prétexte à son opinion, sans vouloir adopter le remede, qu'il veut faire regarder plus dangereux que le mal même. (7)

Que c'est ce danger qu'il a cherché à prouver dans son avis particulier, en y répétant tous les moyens employés par MM. les Propriétaires du Canal Royal, contre la prise des eaux de cette riviere; mais que ces moyens deja réfutés par M. le Camus & les Députés du commerce, paroissent l'être d'une maniere encore plus victorieuse par l'avis du sieur Gendrier, tiers Expert, qui, en suivant celui de MM. les Propriétaires dans tous les raisonnemens qu'il fait à ce sujet, les discute & les détruit en démontrant, 1.º la possibilité de faire des ouvrages assez forts pour résister aux forces de la riviere d'Aude dans ses grandes crues;

orageuſes, & ſont utiles, quoiqu'ils ne répondent à aucune riviere navigable, & à aucun grand
chemin ; il eſt donc avantageux
d'en avoir beaucoup : enfin les
troiſiemes ſont les grands ports de
commerce, deſtinés à faciliter l'exportation des denrées des pays
éloignés : ils exigent plus de ma-
gaſins, de vaiſſeaux & de dépenſes
que les premiers ; ces ports doivent
être regardés comme l'entrepôt
général des richeſſes d'une nation:
ils demandent un entretien diſpen-
dieux pour en faciliter l'entrée &
la ſortie aux plus gros vaiſſeaux ;
des ouvrages militaires pour les
défendre ; enfin une infinité de pré-
paratifs qui ſont inutiles aux premiers.

Il n'eſt donc pas du même intérêt pour l'État, de multiplier ces
ſortes de débouchés que les premiers ; 1° en ce qu'ils ſont un ſi
grand objet de dépenſe, que les
intérêts des avances primitives, &
les ſommes deſtinées à l'entretien,
deviennent à charge à l'État, lorſqu'ils ſont trop multipliés ; 2° parce
que c'eſt dans ces ports que ſe font
les grandes opérations de commerce, qu'elles exigent un nombre conſidérable de négocians raſ-
ſemblés qui puiſſent s'entre-aider de
leurs conſeils & de leurs bourſes ;
qu'il faut des reſſources immenſes
pour l'équipement & l'avitaille-
ment d'un grand nombre de vaiſſeaux, & que toutes ces facilités
ne ſe trouvent point dans une petite place ; & ſi la ville de Mar-
ſeille étoit diviſée en trois villes
de commerce, elle n'eût jamais acquis cette réputation qui la place,
avec tant de raiſon, depuis pluſieurs ſiécles, à la tête des villes
commerçantes de la Méditerranée.

Il eſt donc peut-être plus utile
dans l'intérêt du commerce, &
dans les principes d'une ſage économie, de réunir & de fortifier
les ports d'exportation d'une grande province, que de les multiplier
en affoibliſſant les anciens débouchés ; chacun de ces ports diviſés

mais la ſeule conſéquence natu-
relle & raiſonnable qu'on puiſſe
tirer de pareille ſpéculation, eſt
que s'il n'eſt pas poſſible de les
rendre tous également avantageux, on ne doit au moins rien
négliger de ce qui peut contribuer à l'amélioration de chacun en particulier ; on ne per-
ſuadera à perſonne de verſé
dans le Commerce, que la mul-
tiplication des routes & débouchés puiſſe lui être nuiſible :
les Etats, bien loin de rien
dire dans leur délibération de
1754 de contraire à la maxime
généralement reçue de leur utilité, en convinrent, mais re-
garderent ſeulement comme d'un
médiocre avantage, en général,
l'exécution du Canal de jonction, parce qu'ils n'avoient pas
alors ſous les yeux les Ecrits
pleins de ſageſſe qui en ont démontré depuis la véritable étendue ; & ſi, en balançant les intérêts
particuliers des Villes de Narbonne, Agde, Cette & Béziers,
celui des trois dernieres parut
préférable aux Etats, quoique
tous duſſent être ſubordonnés à
l'intérêt général ; lorſqu'ils ont été
mieux inſtruits, en 1767, ils
ont reconnu cette vérité dans leur
derniere délibération du 21 Décembre de ladite année ; & comme
ils avoient convenu dans leur
premiere réſolution, que ſi le

DELIBERATION DES ETATS.

2°. la facilité de n'en introduire dans le Canal que la quantité dont on aura besoin, & lorsqu'elles seront claires; 3° le peu de fondement de la crainte de la plus grande élévation des eaux de cette riviere, occasionnée par la chaussée ou digue qui doit y être construite pour opérer la dérivation d'une partie de ses eaux dans la rigole, & de tous les maux qu'on suppose en devoir être la suite; enfin tous les avantages au contraire qui doivent résulter pour le Canal Royal de cette prise d'eau (8); ce qui a fait conclure ce tiers Expert, en vuidant le partage entre celui de la Ville & celui de MM. les Propriétaires, qu'il estime que le Canal de jonction ne pouvoit préjudicier à la navigation du Canal Royal : en quoi consistoit l'unique objet de la derniere vérification.

Que tels sont les faits consignés dans les nouvelles Piéces, qui ont attiré toute l'attention de la Commission, pendant plusieurs séances, & dont l'analyse la plus exacte, faite par le sieur de Montferrier Syndic Général, dans un Mémoire qui en rassemble les principales dispositions sous un point de vue plus resserré, & très-propre à mettre l'assemblée, si elle juge à propos d'en entendre la lecture, en état d'en porter un jugement fondé sur l'évidence & la force de la vérité, autant que sur les principes incontestables d'une sage administration, comme l'ont fait MM. les Commissaires en reconnoissant,

1° Que le Canal de jonction dont il s'agit, a été considéré comme une branche & une portion nécessaire du Canal de communication des Mers, dès la premiere époque du projet de ce grand ouvrage; (9) que cet accessoir du principal a subsisté dans tous les changemens qui ont été faits au projet général, & que la partie, qui en existe, a été ordonnée, entreprise & exécutée avec la plus entiere connoissance de cause, presqu'en même tems que le corps de l'ouvrage, sans la moindre opposition ni réclamation effective d'aucune Ville, des Etats, ni même des Propriétaires du Canal Royal; (10) ce dont les anciens Devis & Arrêts des 2 Juillet 1686 & 19 Janvier 1690, sont une preuve non équivoque. Que la discontinuation des ouvrages, regardée comme un abandon, fondé suivant les Opposans, sur la conviction reconnue des inconvéniens qu'on veut attribuer aujourd'hui à leur entiere exécution, n'est qu'une allégation sans preuve, qui ne sçauroit détruire la force d'un préjugé aussi formel en faveur de la Ville de Narbonne.

Que si cette cause de l'interruption de l'ouvrage étoit réelle,

n'auroit

n'auroit qu'une portion de l'exportation générale, qui seroit toujours la même, puisqu'elle est fondée sur la somme des denrées récoltées ; & ce ne seroit certainement pas des places de commerce nombreuses, foibles & divisées qui augmenteroient l'importation des denrées utiles : Agde & Cette, bien entretenus & bien défendus, paroissent suffisans pour le commerce d'importation & d'exportation de la province de Languedoc.

On ne craint donc point d'assûrer que les débouchés des grandes Places de commerce ne doivent point être trop multipliés ; c'est en conséquence que la Hollande divisée en mille canaux, pour faciliter son commerce intérieur, n'a cependant que deux grands ports ou débouchés à la mer. Les Hollandois n'auroient ils pas imaginé de les multiplier, s'il pouvoit s'y trouver un avantage réel ?

(3) On a déja dit ci-dessus que les Experts sur les opérations desquels M. l'Intendant avoit opiné en 1753, avoient proposé un projet tout différent de celui du sieur Gendrier, puisque les sieurs de Clapiés, Dasté & Danisy ne parlent point de la riviere d'Aude, sur laquelle est fondé le projet de remplacement du sieur Gendrier, & que le sieur Thierry n'est point déterminé sur le choix des eaux de remplacement ; ainsi ces Experts ne démontroient point le fait sur lequel les Etats ont délibéré.

Canal projetté ne devoit influer en rien sur ce qui devoit soutenir ou déranger le grand Canal, ils n'auroient qu'à laisser exécuter le projet de jonction jusques à sa perfection ; dès le moment où ils ont été convenus que ce grand Ouvrage ne couroit aucun risque, ils ont raisonnablement, & sans tomber en contradiction avec eux-mêmes, pu & dû desirer l'exécution de la jonction.

(3) Tous les Experts ont constamment conclu pour l'exécution de ce Canal de jonction: quelque différens qu'aient été les moyens examinés & adoptés par les uns ou par les autres, tous ont abouti au même but. Si quelqu'un n'a pas parlé ou prononcé d'une maniere positive sur la prise des eaux de la riviere d'Aude, c'est qu'il n'a pas regardé comme absolument indispensable d'y avoir recours ; mais tous ont décidé la possibilité de l'exécution du projet de jonction, sans nuire à la navigation du grand Canal ; & si les Etats ont pu, par un excès de délicatesse, trouver encore dans leurs rapports quelque doute capable de leur faire refuser leur acquiescement à la perfection de cet Ouvrage, cette incertitude a été si bien détruite par les éclaircissemens contenus dans l'Avis du sçavant Académicien, qui a sçu mieux apprécier les opérations des précédens Vérificateurs, & par le dernier rapport du sieur Gendrier, que les Etats n'ont pû ne pas voir dans les démonstrations de cet Expert, aussi habile que désin-

T

elle n'auroit pas manqué d'être relevée par quelque Ecrit donné dans le tems; on la trouveroit confignée dans quelques regiſtres publics; les Etats n'auroient pas manqué d'en avoir eu connoiſ-ſance, & de la faire valoir comme ſuffiſamment conſtatée pour faire profcrire l'accompliſſement du projet ſans aucun examen nouveau, lorſqu'ils délibérerent en 1736, pour la premiere fois, ſur cette affaire.

Qu'il eſt d'ailleurs conſtant que la Ville de Narbonne n'a ja-mais perdu de vue ſes droits; que quand elle l'auroit fait, la prefcription en pareille matiere, qui même, comme l'a obfervé M. l'Intendant dans ſon Avis, n'eſt pas acquife, ne ſçauroit lui être valablement oppofée, & que n'étant point queſtion d'une nouvelle entreprife, cette Ville a pu en tout tems, ſuivant tous les principes de droit, reprendre l'exécution d'un ouvrage dont l'entreprife lui a été permife de la maniere la plus authentique; que ſi donc elle ne l'a pas fait, ce n'eſt que par des conſidéra-tions particulieres, qui, difcutées au Confeil, ne l'ont pas empê-ché de reconnoître cette premiere vérité, en autorifant de plus fort, par l'Arrêt du 19 Juillet 1757, cette Ville à ſuivre l'exé-cution de celui de 1686.

2° Que l'exiſtence de cette aſſurance que les Etats n'avoient pas trouvée dans les premieres Piéces qu'ils avoient examinées, & qui peut & doit ſeule entraîner les ſuffrages pour l'entiere exécution du projet, ne peut plus être aujourd'hui raifonnable-ment niée, ſi on confidere qu'elle eſt établie par la réunion de tous les moyens qu'ont les hommes pour s'aſſurer de la vérité, puiſqu'en effet la certitude phyſique ne s'acquiert que par les opérations mathématiques; la certitude morale par la conformité (11) du ſentiment des perfonnes, dont l'intelligence, la pru-dence, la probité & l'impartialité font également reconnues, & que dans tous les Tribunaux de Juſtice, la décifion des Procès, qui ont donné lieu à des vérifications, eſt eſſentiellement fon-dée ſur le rapport des Experts.

Que toutes ces différentes circonſtances ſe trouvent accumu-lées dans l'affaire dont il s'agit; dès que les expériences, les cal-culs & l'unanimité des ſuffrages de tous les Experts, à l'excep-tion de celui de MM. les Propriétaires, concourent pour l'exé-cution du projet en queſtion; car le plus grand préjudice que pourroit porter au Canal Royal celui de jonction, & le ſeul même qui dût mériter attention dans l'objet du bien public, étoit ſans doute le défaut des eaux ſuffifantes pour fournir à ces deux navigations enſemble.

*téreſſé , celles que leur avoit fait méconnoître dans les vérifications
antérieures une prévention ſage , mais pouſſée trop loin en faveur
d'un Ouvrage dont la conſervation leur tient autant à cœur pour le
ſeul bien public, qu'à ceux qui y joignent leur intérêt particulier.*

RÉFLEXIONS.	OBSERVATIONS.
(4) L'avis de M. le Camus ne pouvoit avoir pour objet que les vérifications ſur leſquelles M. l'Intendant a donné ſon avis en 1753 ; il n'a donc aucun rapport avec le fait actuel , puiſque les ſieurs de Clapiés , Dafté & Daniſy renonçoient à la riviere d'Aude, & propoſoient celles d'Argendouble, de Riverſel, les fontaines de Maſſignon, &c. & qu'il n'eſt ici queſtion que de l'Aude.	(4) *L'avis de M. le Camus ; comme ceux de tous les autres Sçavans conſultés avant lui & avant l'avis de M. l'Intendant , avoit pour objet d'examiner & de dire ſi la jonction projettée pouvoit nuire au grand Canal ; ce qui eſt certainement le fait actuel ; & les ſieurs de Clapiés, Dafté & Daniſy n'ont jamais renoncé à la riviere d'Aude , quoiqu'ils aient regardé les autres ſources dont ils ont parlé , comme ſuffiſantes pour en conclure la poſſibilité de l'exécution de cette jonction, ſans porter préjudice à la navigation du Canal.*
(5) Les Propriétaires du Canal ne s'étoient pas étendus, en 1753, ſur les dangers de la priſe de l'Aude , puiſqu'il n'étoit pas queſtion de la leur donner ; ainſi M. le Camus pouvoit y voir, en général, des avantages qu'il auroit rejettés , s'il avoit pu conſidérer par lui-même le local & la nature de ces eaux , ou que les Propriétaires du Canal euſſent conféré avec lui ſur cet objet.	(5) *On n'a qu'à lire l'Avis de M. le Camus, pour voir, par la maniere dont il réfute les craintes de MM. les Propriétaires du Canal Royal , ſi ceux-ci n'avoient pas dit alors tout ce qu'ils ne ceſſent encore de répéter, d'exagérer & de préſenter ſous différentes faces, pour étayer la fauſſe prévention qu'ils voudroient inſpirer contre la priſe des eaux de la riviere d'Aude.*

DELIBERATION DES ETATS.

Que c'eſt auſſi ſur quoi on a le plus inſiſté; mais que le peu de fondement de cette crainte, qui avoit frappé les Etats, au point de ne leur faire trouver que des doutes, dans ce que les premiers Vérificateurs avoient dit à ce ſujet, parce qu'ils ne s'étoient pas expliqués aſſez affirmativement, ne peut plus exiſter à la vue des opérations & des calculs qui démontrent aujourd'hui, non ſeulement que le volume des eaux dont le Canal Royal ne fait aucun uſage, ſeroit ſuffiſant pour alimenter celui de jonction; mais encore qu'en laiſſant ces eaux à l'écart, on peut lui en procurer d'autres par les moyens indiqués, qui fourniront d'une maniere encore plus ſûre & plus abondante aux deux navigations, & même à ce qui manque actuellement à celle du Canal Royal, ſuivant l'Expert de MM. les Propriétaires, qui, en voulant trop prouver ſon ſyſtême, n'a pas ſenti qu'on pourroit tirer de ſon calcul, s'il eſt vrai, un motif de plus en faveur de la priſe des eaux de la riviere d'Aude, qu'il a tant combattue, pour ſuppléer à ce qui manque, ſelon lui, au Canal dans l'état actuel des choſes.

Qu'il n'eſt plus poſſible de douter raiſonnablement que plus de 120000 toiſes cubes d'eau ne ſuffiroient pas pour en remplacer environ 7000 toiſes qu'en doit dépenſer le Canal de jonction; que les lumieres les plus communes ſuffiſent pour ſentir qu'il eſt très-poſſible de former une rigole pour ſaigner une riviere quelconque, d'en établir la tête & les bords d'une maniere aſſez ſolide (12) pour réſiſter aux plus grands efforts des inondations de cette riviere, & d'en fermer l'entrée aſſez exactement pour n'en prendre que des eaux claires; qu'héſiter ſur des faits de cette eſpece, ſeroit ſe refuſer aux notions les plus reçues, & à l'expérience très-multipliée de pareils ouvrages exécutés par-tout, & notamment dans le grand Canal; ce ſeroit proſcrire, en général, les projets de tous les Canaux poſſibles, & ſpécialement celui que les Etats ſe propoſent de former dans les marais, en prenant l'eau du Rhône, fleuve autrement redoutable que la riviere d'Aude.

3° Qu'aux opérations mathématiques qui forment la certitude phyſique ſur la poſſibilité de l'exécution du Canal de jonction, ſans nuire à la navigation du Canal Royal, ſe joindroient également les preuves qui conſtituent la certitude morale ſur la queſtion de l'utilité, s'il étoit encore permis de l'agiter après qu'elle a été jugée, comme on l'a déja obſervé, par le Conſeil; qu'on les trouveroit, ces preuves, 1° dans le principe généralement reçu, qu'on ne ſçauroit aſſez multiplier les routes & les

(6) Cet argument pourroit-il faire quelqu'impreſſion ? Comment, parce que l'on ne s'eſt point oppoſé au canal de Narbonne, juſqu'à ce qu'on ait demandé des eaux au grand canal, il en faut conclure que l'on étoit diſposé à les accorder ? D'ailleurs en ſuppoſant que les auteurs des Propriétaires, perſuadés que cette jonction n'auroit jamais lieu, euſſent négligé quelques formalités pour s'y oppoſer, leurs moyens actuels en auroient-ils moins de force ?

(6) Que peut-il y avoir de plus capable de faire impreſſion contre l'oppoſition des Propriétaires actuels du Canal, que l'inaction de leurs Auteurs contre un Ouvrage projetté en même tems que le grand Canal, & dont la plus grande partie a été exécutée ſous les yeux & ſur le Devis de M. Niquet, dont les lumieres & le zèle ne pouvoient

leur être ſuſpects ? Un ſilence auſſi abſolu ne doit-il pas être regardé comme un acquieſcement de leur part, & peut-on ſérieuſement l'attribuer, par une pure allégation hazardée, à ce qu'on ne demandoit point alors des eaux du grand Canal, comme ſi la ſeule idée d'embranchement, ou de jonction d'un Canal à un autre, n'annonçoit pas la communication de leurs eaux ; & que s'il avoit pu être queſtion de prendre ailleurs celles du Canal de jonction, le Devis détaillé de cet Ouvrage n'en eut pas fait expreſſement mention ? Mais, diſons mieux avec M. le Camus, les Auteurs du grand Canal ſçavoient parfaitement qu'ils avoient de l'eau de reſte pour les deux navigations ; & qu'on n'hazarderoit rien en aſſurant qu'il y en auroit encore aſſez aujourd'hui, ſi elles étoient mieux ménagées & conſervées qu'elle ne le ſont.

(7) Ce ſeroit aſſurément un grand avantage que de procurer au canal, en certain tems, des eaux claires, égales & filtrées, pour faciliter ſa navigation dans les années de ſéchereſſe ; mais ce ſeroit ſe faire illuſion que de regarder ſous cet aſpect favorable l'introduction des eaux de l'Aude, ou de tel autre torrent que ce ſoit, puiſque tous les principes de conſtruction & de conſervation du canal les ont éloignées ; que les précautions multipliées que les vérificateurs indiquent pour en éviter les dangers, en font ſentir les conſéquences, & que l'expérience journaliere que l'on a de ſes débordemens prodigieux, les confirme encore mieux.

(7) Tout ce qui paroît évident aux gens de l'art & à tout homme non prevenu, dès qu'il eſt contraire à la fauſſe opinion que veulent accréditer MM. les Propriétaires du Canal, n'eſt, ſelon eux, qu'illuſion. Il faut, pour ne pas tomber dans l'erreur croire contre la raiſon, l'expérience & les notions les plus communes, que toute eſpece d'eau, à l'exception de celle de leur Canal, eſt toujours trouble ; que la riviere d'Aude eſt

V

débouchés pour le bien du commerce. 2.° Dans le sentiment unanime de toutes les Parties qui ont été appellées & qui ont convenu de l'application de ce principe à l'ouvrage dont il s'agit, si on en excepte le très-petit nombre d'Opposans guidés visiblement par leur intérêt particulier. 3.° Dans le suffrage du Bureau du commerce, dont les lumiéres en pareille matiere, & l'expérience forment toutes les conditions requises, pour établir la plus grande probabilité sur laquelle puisse être porté un jugement solide.

Que l'amour du bien public, dans une grande administration, & la sagesse de ses vues doivent sans doute la porter à conserver soigneusement un bien présent, mais jamais la déterminer à négliger de s'en procurer un de plus, par l'unique motif de la crainte de nuire à celui dont on jouit, (13) sur-tout lorsque cette crainte se trouve aussi victorieusement combattue & détruite que paroît l'être celle qui a été la base des oppositions & de la Délibération des Etats.

Qu'enfin l'intérêt particulier doit toujours être subordonné & céder à l'intérêt général (14); que cette maxime admise & suivie par tous les Législateurs & par les Etats, dans une infinité d'occasions, trouve essentiellement ici son application, soit qu'on considére l'intérêt particulier de deux ou trois Communautés opposantes (15) qui peut même être contre-balancé par celui de la Ville, du Diocése de Narbonne & des autres Adhérans au projet, soit qu'on s'arrête à celui de MM. les Propriétaires du Canal Royal; puisqu'en convenant même de quelque diminution dans leur revenu, que la diversion d'une partie du commerce par le Canal de jonction pourroit occasionner, il seroit bien difficile d'être touché par une considération de cette espece, au point de la faire prévaloir sur la juste préférance que mérite celle du bien public, dans une assemblée uniquement occupée de ce qui peut le procurer.

Mais que sans perdre de vue ce principe, il est également digne d'une sage administration de concourir aux moyens qui peuvent assurer un accord aussi desirable que nécessaire entre la Ville de Narbonne & les Propriétaires du Canal des Mers dans la manutention de leur navigation respective, en prévenant tous les procès & altercations qui pourroient s'élever à ce sujet, de maniere que la navigation des deux Canaux ne risquant jamais d'être interrompue par aucune discussion, entre ceux qui seront chargés de cette manutention, procure efficacement au commerce de nouveaux avantages, en lui conservant ceux dont il jouit ac-

toujours un torrent terrible , quoiqu'elle ne forte pas plus fou-
vent de fon lit que toute autre riviere ; & que prendre une très-petite
portion de fes eaux dans le feul tems où elles font auffi claires
que celles d'une fontaine, pour les conduire par un petit Canal,
exactement fermé par des portes de défenfe, qu'on peut multiplier tant
qu'on voudra, dans le grand Canal; c'eft la même chofe que de faire
de ce Canal l'entier lit de la riviere, ou de fe fervir de ce lit pour
en faire une partie du Canal.

Tel étoit, en effet, le premier projet de la conftruction du Canal,
qui ne devoit être creufé que jufques à Trebès, pour y joindre la
riviere d'Aude, dans le lit de laquelle la navigation devoit continuer
jufques à l'étang de Vendres. Il peut être vrai qu'on a voulu, avec
raifon, éviter de fe fervir ainfi du lit & des eaux de cette riviere ;
mais la différence de cette pofition avec ce qu'on a en vue de faire
aujourd'hui, eft heureufement fi frappante, que perfonne ne prendra,
à cet égard, le change fur de vaines déclamations.

Si les Vérificateurs indiquent des précautions multipliées, pour
affurer les Ouvrages & éviter les dangers exagérés par MM. les
Propriétaires, c'eft moins par la néceffité de ces précautions, que
pour diffiper tous les nuages & vains prétextes dont on fe fert pour
obfcurcir l'évidence des faits les plus notoires. Au furplus, les dé-
bordemens de la riviere d'Aude pourroient être encore plus grands,
qu'on ne les fait, il fera toujours très-conftant que l'exécution du
Canal de jonction & de la rigole de dérivation des eaux de cette
riviere, ne fçauroient les rendre ni plus fréquens ni plus dangereux,
puifque ces Ouvrages ne multiplieront ni les neiges ni les pluies,
qui caufent feules ces débordemens comme ceux de toutes les rivieres.

RÉFLEXIONS.

(8) On peut lire la réponfe à tous ces articles dans l'examen de la vérification du fieur Gendrier.

(9) La tranquillité de la Province, des Commerçans & des Propriétaires du canal jufqu'en 1756, pour reclamer depuis 1686

OBSERVATIONS.

(8) *On a vu dans les Ré-flexions ci-devant faites fur cet examen, fi la critique qu'il contient d'une opération auffi fage que bien motivée, mérite quel-qu'attention.*

(9) *Si parce qu'on n'avoit pas reclamé avec une certaine vivacité l'exécution du grand*

ellement; que c'eft fur quoi les Experts ne font pas fuffifamment
expliqués, s'étant fimplement réfervés dans leur Avis, d'indiquer au Confeil feulement, s'ils en étoient requis, un moyen
fimple & fûr d'exécuter cette manutention fans embarras, ce
qui femble devoir porter les Etats à fupplier le Roi d'y pour-
voir par un réglement digne de fa fageffe, qui puiffe avoir fon
effet dès le moment où les ouvrages du Canal de jonction étant
achevés, il ne reftera plus qu'à y introduire les eaux du Canal des Mers.

Que des confidérations auffi frappantes, ont été regardées par
MM. les Commiffaires comme des motifs fuffifans, pour diffiper
entiérement les doutes & les craintes qui avoient principalement
déterminé la Délibération des Etats du 9 Mars 1754, & les porter à retracter une oppofition dont les nouveaux éclairciffemens
que le Roi a bien voulu leur faire communiquer, démontrent
auffi clairement le peu de fondement, en fuppliant en même
tems Sa Majefté de vouloir bien, avant que les eaux du Canal
Royal foient introduites dans celui de jonction, prévenir par
un réglement clair & précis, tous les différens qui pourroient
s'élever entre la Ville de Narbonne & les Propriétaires du Canal Royal, & nuire à leur navigation refpective, qu'on ne fçauroit affez affurer fans aucune interruption, pour procurer au
commerce tous les avantages qu'on a lieu d'attendre de ce double débouché,

Sur quoi il a été délibéré; 1° que la vérification ordonnée
par l'Arrêt de 1757 levant tous les doutes qui avoient déterminé l'oppofition des Etats en 1754, cette oppofition ne devoit
plus avoir lieu, & qu'au contraire Sa Majefté devoit être très-
humblement fuppliée de faire jouir la Ville de Narbonne du
bienfait qui lui avoit été accordé en 1686 & dans lequel elle
a été maintenue par l'Arrêt de 1754.

2° Que la navigation du Canal Royal dont les Etats ne peuvent
perdre de vue les intérêts, pouvant fouffrir quelque préjudice,
s'il s'élévoit entre les Propriétaires des deux Canaux, des procès & des altercations également nuifibles aux uns & aux autres,
Sa Majefté fera également fuppliée de vouloir bien, avant que
les eaux du Canal Royal foient introduites dans le Canal de
jonction, prévenir lefdits procès & altercations par un réglement
digne de fa fageffe, qui affure à MM. les Propriétaires, tant la
tranquilité (16) de leur geftion, que les dédommagemens qui
leur feroient légitimement dûs, fi fans la faute ou négligence de
leurs Agens, il furvenoit dans le Canal Royal, des enfablemens,

l'exécution

l'exécution de cette branche fup-
pofée néceffaire, & leur oppofition depuis cette époque, prouve
bien que cette néceffité n'étoit pas
abfolue, pour que la Province
jouit de tous les avantages que
l'on devoit attendre du canal des
deux mers.

*Canal avant 1666, quoique le
projet en eut été formé long-
tems avant cette époque, on fou-
tenoit que cet Ouvrage n'étoit
pas d'une néceffité abfolue; un
pareil raifonnement feroit-il*

*reçu en preuve contre l'utilité de cette belle entreprife? Celui qu'on
fait ici contre la jönction, eft précifément de même valeur. Oui, fans
doute, l'un comme l'autre n'étoient & ne font d'une néceffité abfolue;
on s'étoit long-tems paffé de l'un, comme on pourroit abfolument s'en
paffer encore, ainfi que de l'autre; mais lorfqu'on a acquis un bien,
il eft de la fageffe d'une bonne adminiftration de mettre en œuvre,
foit plutôt ou plus tard, tous les moyens imaginés & poffibles de l'augmenter; & c'eft ce que fera dans l'intérêt public l'entière exécution
de cette branche du grand Canal, qui a toujours dû compléter cet
important Ouvrage.*

(10) Les Propriétaires du canal
répéteront fans ceffe qu'ils ne pouvoient s'oppofer qu'à l'ouverture
de leurs terriers, à la demande
de leurs eaux, aux troubles de
leur manutention, à des rempla-
cemens d'une mauvaife qualité,
aux dommages qui en doivent réfulter, & à la diminution du revenu attribué à un entretien immenfe fi elle avoit lieu; tous ces
moyens d'oppofition n'ont exifté
qu'en 1738; lorfque la ville de
Narbonne a demandé de l'eau aux
Propriétaires du canal, pour fournir à la navigation projettée. D'ailleurs, la ville de Narbonne étoit
libre de faire mille canaux, &
même de les conduire jufqu'aux
terriers du canal, fans que les Propriétaires euffent droit de s'y oppofer; il eft tout fimple auffi que
les Diocèfes conftamment oppofans depuis 1754, n'aient pas produit leur oppofition dans un tems
où ils n'étoient pas en poffeffion
du commerce que l'on veut détourner, & avant qu'ils euffent fait
d'auffi grandes avances pour l'é-
tablir.

*(10) MM. les Propriétaires
répéteront tant qu'il leur plaira,
tous les motifs frivoles de leur
oppofition tardive; on leur ré-
pétera de même qu'ils n'auroient
pas été plus fondés à les faire
valoir plutôt; que c'eft ce que
leurs Auteurs ont bien fenti, &
qui leur a fait garder le filence,
puifque le projet de jönction a
toujours été le même; qu'il n'auroit jamais pu être exécuté fans
ouvrir les terriers du grand Canal pour s'y joindre, & fans en
prendre les eaux, comme on l'a
déja remarqué; & que l'intérêt
général, qui parle pour la mul-
tiplication des débouchés, a toujours dû & devra toujours l'emporter fur celui des particuliers
quels qu'ils foient, & en quelque*

X

DELIBERATION DES ETATS.

ou dommages autres que ceux auxquels ils font fujets, & qui feroient occafionnés par les ouvrages néceffaire au Canal de jonction ; de maniere que ce reglement maintienne fans interruption la navigation dans les deux Canaux, & procure ainfi au commerce de nouveaux avantages, en lui confervant tous ceux qu'à déja produit le Canal des deux Mers, & qu'il produit tous les jours de plus en plus, par l'attention & les foins de MM. les Propriétaires. Collationné, *Signé* CARRIERE.

tems qu'ils s'avisent de le faire valoir mal-à-propos.

(11) On ne peut s'empêcher de demander comment il est démontré que les Experts se réunissent sur le fait actuel, tandis que presque tous leurs avis sont différens.

(11) *Il est démontré que les Experts, à la réserve de celui de MM. les Propriétaires qui parle leur langage, se réunissent sur le fait actuel, parce que ce fait est de sçavoir si la jonction projettée & commencée peut être achevée sans nuire à la navigation du Canal Royal, & que tous les Experts ont conclu en faveur de son entiere exécution; n'importe par quels différens motifs & moyens, chacun ayant parlé suivant ses lumieres; c'est ce qu'on peut voir dans leurs Avis.*

Si les Etats avoient mal vû en 1754, il n'est point de Corps ni de Tribunal le plus éclairé & le plus respectable qui ne puisse se tromper, & qui ne fasse gloire de reconnoître la vérité lors qu'on la lui montre dans un plus beau jour; c'est ce qu'ont fait les Etats dans la délibération qui donne lieu aux reflexions auxquelles on répond, & c'est ce qui fait l'éloge de leur sagesse.

(12) Les Propriétaires du grand canal se garderont bien de contester cette vérité; mais si la dépense de ces ouvrages, pour les rendre d'une nécessité absolue, passe de beaucoup les avantages du nouveau canal, peuvent-ils être raisonnablement entrepris? M. Gendrier en a-t-il fait un plan & un devis exact en présence de l'Expert de MM. les Propriétaires? C'est cependant ce devis qui peut seul établir la sûreté que l'on doit attendre de ces ouvrages, & faire comparer la dépense qu'ils occasionneront avec les avantages qui en résulteront.

(12) *Si les vérités dont les Etats ont été frappés, étoient d'une espéce à pouvoir être contestées, on seroit bien édifié de l'acquiescement donné ici à celles qui font l'objet de cette réflexion, après en avoir vû combattre d'aussi évidentes; mais cet aveu forcé est bientôt déprécié par les doutes qu'on y ajoûte sur des accessoires très-indifférens; car peu importe de voir un Devis & une estimation d'un ouvrage qu'on convient pouvoir être fait solidement, puisqu'on doit présumer qu'on prendra toutes les mesures que l'art indique en pareil cas, & que ce n'est pas d'une comparaison numéraire de l'objet quelconque de la dépense avec le produit fixé que doit dépendre la détermination dans des entreprises de l'espece de celle dont il s'agit, mais uniquement de l'objet du bien public inappréciable.*

Ce qui affecte un particulier, & entre dans ses spéculations pour son intérêt propre, n'est d'aucune considération dans les vûes d'une grande administration qui sacrifie de grandes sommes pour procurer

OBSERVATIONS.

le ſeul avantage du Public : tous les travaux que fait à grands frais la Province, ſont une preuve non équivoque de ce grand principe. On n'eut garde d'entrer dans une pareille ſpéculation lorſqu'on entreprit le Canal de communication des Mers ; plus de treize millions que le Roi ou la Province fournirent pour les frais de ſa Conſtruction, ne furent pas comparés avec le produit, alors très-incertain, des droits de Péage dont M. de Riquet ſe rendit adjudicataire ; & ſi on laiſſoit encore aujourd'hui à l'écart la grande utilité que procure au Public cette route, la proportion de ce qu'elle a coûté avec ce qu'elle produit, ne ſe trouveroit avantageuſe que pour MM. les Propriétaires.

RÉFLEXION.

(13) Cela dépend de l'importance du bien préſent, comparé avec celle du bien futur.

OBSERVATIONS.

(13) *La balance de l'importance du bien préſent avec celle du bien futur, ſeroit d'une grande conſidération s'il y avoit du doute ſur l'accord de l'un avec l'autre ; mais lorſqu'on n'en voit aucun, comme dans le fait dont il s'agit, & qu'on a la plus entiere certitude ſur l'événement du plus grand bien à venir, ſans nuire au préſent, la raiſon ne permet pas d'être ébranlé, & de reſter dans l'inaction par des terreurs purement chimériques.*

(14) Bien entendu que c'eſt au moyen d'une indemnité & ſûreté entiere qui eſt de droit.

(14) *L'indemnité n'eſt de droit, qu'autant qu'elle eſt légitimement due ; ce ſera au Conſeil à juger ſi c'eſt le cas d'en accorder ; lorſqu'il aura vû ce qu'ont dit à ce ſujet, M. l'Intendant du Languedoc & les Députés du Commerce, d'après l'examen des titres & raiſons de MM. les Propriétaires, & la comparaiſon de leur véritable miſe dans la dépenſe de cet ouvrage avec le revenu qu'ils en ont retiré depuis 80 ans.*

(15) Les Diocèſes de Touloufe, d'Agde, de Lavaur & de Beziérs, les villes de ce nom, celles de Cette, de Pezenas, la Communauté de Saint-Marcel, Marſilian, les Chambres de Commerce de Toulouſe, Bordeaux, ſe ſont toujours oppoſées conſtamment à ce canal, & leurs oppoſitions originales ſont entre les mains des Propriétaires du canal, & ont été produites en 1753. Voyez l'Arrêt de 1757, où elles ſont citées.

(15) *En relevant le nombre des oppoſans dont on fait ici l'état, pour accuſer ſans doute d'un manque d'exactitude l'énoncé de la délibération, on n'auroit pas dû citer en preuve l'Arrêt de 1757, puiſqu'on y trouve en même tems l'énumération d'un bien plus grand nombre*

nombre d'adhérans au projet d'attestations de son utilité, pour contrebalancer avec bien plus de poids en faveur de la jonction, les divers intérêts particuliers, qu'on ne l'a fait dans la Délibération, en n'y faisant mention que de la Ville & Diocèse de Narbonne contre trois autres, qu'on a regardé comme capables de mériter plus d'attention, mais non au point de prévaloir sur le bien général.

RÉFLEXIONS.

(16) Les Propriétaires du canal ne demandent que la tranquillité dans leur travail ; & si la Province veut bien les protéger pendant qu'ils s'occuperont des vrais intérêts de son commerce, ils augmenteront tous les jours les avantages de leur navigation ; leur zéle & leur amour pour leur patrie, semblent les assurer du succès.

Après avoir examiné les principaux motifs de la Délibération des Etats de 1767, les Propriétaires du canal supplient très-humblement le Conseil du Roi, d'observer encore que la premiere Délibération des Etats, prise en 1754, en grande connoissance de cause, & après deux années d'examen réfléchi, condamne le projet de la ville de Narbonne, comme inutile & dangereux ; qu'il n'est arrivé depuis ce tems aucun changement dans le fond de l'affaire qui établisse une nouvelle utilité ; que la vérification des trois Experts, seule piece sur laquelle les Etats sembloient devoir opiner, d'après les termes précis de l'Arrêt de 1757, n'a été communiqué aux Propriétaires du canal, qu'après que l'avis des Etats a été donné, quoiqu'ils l'aient demandé sans cesse pour y faire leurs observations, & que les régles ordinaires parussent l'exiger ; que cette piece qu'ils ont examiné depuis, n'établit en aucune façon l'utilité du nouveau canal, mais indique seulement une nouvelle façon de fournir des eaux de remplacement au canal des

OBSERVATIONS.

(16) Les Etats s'empresseront toujours à concourir à tout ce qui peut concilier le bien du Commerce & l'intérêt des particuliers riverains du Canal, avec celui de MM. les Propriétaires, à la conservation de leurs droits légitimes, & a leur procurer la plus grande tranquillité dans leur exploitation. Ils ne cessent de donner des preuves de leur attention sur cette partie, & leur derniere Délibération en contient la plus grande assurance.

Cette conclusion ne tend, comme tous les écrits de MM. les Propriétaires, ainsi qu'on l'a déja observé, qu'a faire remettre en question tout ce qui a été jugé contradictoirement, & avec la plus grande solemnité par l'Arrêt de 1757 ; & a montrer les Etats en contradiction avec eux-mêmes. Mais pour faire sentir le peu de fondement de la critique qu'on se permet de faire ici de la conduite d'une assemblée aussi respectable, il suffiroit de lui opposer le vœu d'une Com-

Y

RÉFLEXIONS.

deux mers ; qu'ainfi en fuppofant qu'elle levât les doutes & les incertitudes fur les dangers phyfiques du nouveau projet , elle n'indiquoit certainement pas de nouveaux motifs d'utilité ; & que cependant fi cette utilité n'étoit pas établie , la ville de Narbonne n'avoit aucun droit de demander l'ouverture du canal de communication des mers , & l'ufage de fes eaux qui appartiennent inconteftablement aux Seigneurs & Propriétaires de ce Fief ; qu'elle n'avoit pas de droit non-plus pour détourner , à fon profit, une partie de leurs revenus attribués à l'entretien de cette importante navigation ; que l'injuftice même de cette demande avoit extrêmement frappé les Etats en 1754, & que la vérification du fieur Gendrier ne changeoit rien aux faits fur cet article en 1767 ; que d'ailleurs cette vérification même paroiffoit extrêmement combattue par les obfervations des Propriétaires du canal, fur les articles qui en étoient venus à leur connoiffance , & par le procès-verbal de M. Garipuy, Directeur des travaux publics ; que ce procès-verbal fait le détail des ravages caufés par la riviere d'Aude dans la ville de Narbonne en 1756, malgré des ouvrages folides, établis par des hommes de génie pour les éviter ; qu'il paroiffoit très-naturel de penfer que des ouvrages projettés pour garantir le grand canal des dangers de la riviere d'Aude (que l'on veut y introduire malgré fes Propriétaires,) devoient être combinés d'après les effets de cette même riviere dans le canal de Narbonne ; que cependant le fieur Gendrier n'a jamais confenti à examiner le canal aΘuel de Narbonne, quoiqu'il en ait été requis, parce que l'Arrêt de 1757, difoit-il, ne le prefcrivoit pas ; enfin que le procès-verbal de M. Garipuy , en 1756 , prouvant clairement que les effets de la riviere d'Aude font auffi redoutables que difficiles à

OBSERVATIONS.

miffion compofée des principaux membres des Etats, où cette affaire avoit été difcutée avec l'attention la plus fcrupuleufe pendant plufieurs féances , & le jugement qu'a porté la voix publique en applaudiffant à leur derniere détermination. On obfervera cependant, pour diffiper les nuages dont on ne ceffe de vouloir envelopper la vérité, pour tâcher de l'obfcurcir, que les Etats qui, n'ayant en aucun tems, paru dans cette affaire que par l'intérêt qu'ils doivent prendre à tout ce qui peut contribuer au bien public, n'ont fait en 1767, comme en 1754, que répondre à la confiance dont le Roi a bien voulu les honorer, en les confultant avant de ftatuer fur la demande de la Ville de Narbonne ; qu'ils ont toujours eu également en vûe la confervation de la navigation du Canal de communication des Mers ; qu'ils ont reconnu en tout tems que fi la jonΘion de la Robine de Narbonne pouvoit être achevée fans nuire à cette navigation, ils n'avoient qu'à defirer qu'elle fut exécutée ; qu'ils ont pû héfiter, comme ils l'ont fait d'abord , par les doutes qu'ils ont cru appercevoir fur ce point important dans les procédures qui furent mifes fous leurs yeux en 1754 ; que les fuffrages ne

RÉFLEXIONS.

prévoir, le fieur Gendrier, qui n'a pas examiné ces effets dans le canal actuel de Narbonne, n'a pu décider, avec connoissance de cause, sur ceux qui pourroient résulter de l'introduction d'une branche de cette riviere dans le grand canal ; & que conséquemment les doutes & les incertitudes qui avoient frappé les Etats en 1754, sur les dangers auxquels cette introduction exposoit le grand canal, devoient faire, en 1767, la même impression sur cette illustre assemblée.

OBSERVATIONS.

furent pas même unanimes dans la résolution qu'ils prirent alors, comme ils l'ont été dans la derniere, puisque plusieurs des Délibérans, les plus distingués par leurs lumieres & leur intégrité, vôterent pour l'exécution du projet, à laquelle le plus grand nombre crut ne pouvoir acquiescer par le défaut d'une

certitude qu'on ne trouva pas suffisamment constatée dans les avis des Experts, quoique tous eussent conclu en faveur de l'exécution du projet de jonction, mais qui a été si bien établi par la derniere vérification, que la force de la vérité a entraîné tous les suffrages ; que malgré l'impression qu'auroit été capable de faire au Conseil le premier avis des Etats, où tous les moyens des opposans qui l'avoient déterminé, furent si bien relevés, il y a été prononcé par l'Arrêt du 19 Juillet 1757 sur le vû de cette Délibération, ainsi que de toutes les piéces produites en foule de part & d'autre, que la Ville de Narbonne suivroit l'exécution de celui du 2 Juillet 1686, par lequel le Projet de jonction avoit été ordonné ; les parties étant au surplus mises hors de cour sur toutes leurs demandes qui sont précisément les mêmes qu'on voudroit faire rejuger, que le seul interlocutoire réservé par ce jugement le plus contradictoire, ne peut être regardé, comme on l'a déja remarqué, que comme un excès de déférence du Conseil pour les Etats, en leur procurant de nouveaux éclaircissemens propres à faire entiérement évanouir leurs craintes sur le prétendu préjudice pour la navigation du grand Canal qu'on opposoit à l'exécution de celui de jonction ; enfin que cette sage précaution a eu tout l'effet qu'on en pouvoit attendre, puisque le résultat de la vérification ordonnée par cet Arrêt, avant que la jonction pût être exécutée, a principalement déterminé la derniere résolution des Etats, comme étant un surcroît de preuve des vérités répandues dans les autres piéces également authentiques & décisives, qui, ayant paru depuis leur premiere délibération, & étant jointes au dossier de l'affaire dont le Ministre des finances avoit bien voulu leur faire donner communication, devoient nécessairement & réguliérement influer, comme elles l'ont fait, dans leur résolution ultérieure ; qu'il ne s'agissoit plus, lorsqu'elle a été prise,

OBSERVATIONS.

d'examiner de nouveau l'utilité ni la poſſibilité de l'entiere exécution du Canal de jonction, reconnues & décidées irrévocablement par l'Arrêt du 19 Juillet 1757, ni les droits reſpectifs des Propriétaires du Canal & de la Ville de Narbonne, ſuffiſamment diſcutés & jugés par la diſpoſition générale de cet Arrêt qui a prononcé par hors de Cour ſur toutes les autres demandes des parties, ni ce que pourroient vouloir oppoſer MM. les Propriétaires à une vérification dans laquelle leur Expert avoit dit en leur nom tout ce qu'il avoit cru pouvoir favoriſer leurs pretentions, dont le Conſeil devoit ſeul décider le mérite, & dont les Etats n'étoient pas en droit de donner communication aux Propriétaires qui ne pouvoient d'ailleurs en prétendre cauſe d'ignorance, & qu'ils l'ont en effet combattue par un Mémoire lû à la Commiſſion & ſupprimé depuis avec raiſon; qu'une réſolution auſſi murement réfléchie, après le plus ſérieux examen de tout ce qui pouvoit l'opérer, n'auroit pu être arrêtée par les preuves quelconques des dangereux effets des inondations de la riviere d'Aude, puiſque, comme on l'a déja relevé, ces inondations ne ſeront ni multipliées ni augmentées par l'exécution du Canal de jonction, & que d'ailleurs ces effets ſi formidables qu'on a affecté de préſenter, étayés du ſuffrage de l'un des Directeurs des travaux publics de la Province, ſe réduiſent, comme il le certifieroit lui-même, s'il le falloit, au renverſement de quelques murs notoirement mal fondés & peu ſolides. D'où on ne peut tirer aucune induction ni conséquence raiſonnable contre les ouvrages à faire pour une priſe d'eau telle que celle qu'exige le Canal de jonction.

Tels ſont les faits & les ſolides raiſons dont on ſe flatte que la vérité étant reconnue par le Conſeil, déterminera, conformément aux vœux des Etats, ce Tribunal ſuprême à faire enfin jouir par un jugement définitif la Ville de Narbonne du bienfait qui lui avoit été accordé en 1686, & dans lequel elle a été maintenue par l'Arrêt de 1757.

FIN.